W0298335

I love cake

Trish Deseine

I love cake

Meine Lieblingsrezepte für Kuchen,
Torten und Kleingebäck

Fotografiert von Deirdre Rooney

AT Verlag

Die Originalausgabe dieses Buches ist unter dem Titel »I love cake« 2009
bei Hachette (Marabout), Paris, erschienen.

Aus dem Französischen übersetzt von Kirsten Sonntag.

Fotos: Deirdre Rooney
Styling: Trish Deseine und Alisa Morov
Gestaltung: Alice Litscher
Druck und Bindearbeiten: Estella Graficas
Printed in Spain

ISBN 978-3-03800-505-6

www.at-verlag.ch

Inhalt

Für Jane – in Liebe ♥

I ♥ cake

Backen ist – wie das Kochen überhaupt – seit einigen Jahren eine Spielwiese von Chemikern, experimentierfreudigen Tüftlerinnen und unermüdlichen Suchern nach dem ultimativen, noch nie dagewesenen Geschmackserlebnis geworden. Wie viele andere stecke auch ich meine Finger in jede sich mir bietende Rührschüssel, um etwas vom süßen Hauch des Zeitgeists zu erhaschen. Und zu meiner großen Freude sind auf diese Weise interessante Abwandlungen klassischer Backrezepte, zermahlene oder geschmolzene Bonbons in fast schon subversiven Kurzrezepten und gelingsichere neue Biskuitrezepte zusammengekommen – nicht selten aus Ländern, in die ich noch nie einen Fuß gesetzt habe.
In diesem Buch finden sich alle meine Lieblingsbackrezepte – ganz gleich, ob Klassiker oder unklassifizierbar. Es entstand aus purer Lust und Laune, aus jener Laune, die einen im Lauf der Jahre und einer Vielzahl an Büchern anfliegt, genährt aus dem Zeitgeist – vermischt mit etwas Butter, verziert mit Schlagrahm und immer wieder mit Freude und viel guter Laune aufgetischt. Die Sammlung von Lieblingsrezepten, die Sie in Händen halten, ist gespickt mit trendigen, neuen Kreationen. Sie finden darin von allem etwas, allein die unbändige Liebe zum Süßen hält die sechs Kapitel als Klammer zusammen.
Das Kapitel »Rührkuchen« stellt einfache Grundrezepte für jeden Tag vor – jene Kuchen, an denen man sich satt essen und die man mit ins Büro nehmen kann. Und »Schokoladenträume«? Genau! In diesem Kapitel geht es direkt zur Sache, ohne viel Firlefanz und bar jeder unnötigen Ausschmückung. Diese Kuchen tun so gut, weil sie eigentlich gar nicht gut tun … Das Kapitel »Kekse, Schnittchen, Kleingebäck« ist eine Hommage an die kleinen süßen Häppchen, die heute so sehr im Trend sind. Unter »Tarte à gogo« finden Sie Backwerke, die vor allem durch frisches, farbiges Obst in abwechslungsreichen Kombinationen glänzen.
In »My Sweet World« geht es um Traditionen, um Altbewährtes, kurz um Kindheitserinnerungen. Und »last, but not least« prunkt die Abteilung »Wow!« mit Glamour, Maßlosigkeit und süßer Dekadenz – Rezepte von geringem Aufwand, doch beeindruckender Wirkung.

Wenn ich backe, dann mit ganzem Herzen und wachem Geist.
Denn seit eh und je treibt mich nur eine einzige Motivation an:
Freude.
Die, die ich schenke, und die, die ich zurückbekomme.

Einen Kuchen zu backen und mit anderen zu teilen, ist vielleicht eine der letzten Bastionen reiner, unverfälschter Großzügigkeit. Eine schlichte, unprätentiöse Geste, in Verbindung mit einem so unbeschwerten, absolut nicht lebensnotwendigen kulinarischen Genuss. Gebäck, von Hand selbst hergestellt, inmitten einer immer virtueller werdenden Welt. Ein Symbol für die Macht der Liebe, doch nicht als eitle, süße Vorstellung, sondern als lebendige, verbindende Kraft.

Trish Deseine

Die wichtigsten Backzutaten

Eier, etwas Butter, Zucker und Mehl. Das sind die wichtigsten Backzutaten – und zugleich auch die billigsten. Ein paar Cent mehr treiben Sie nicht in den Ruin, aber machen das Gebäck in jedem Fall besser. Kaufen Sie daher nur Zutaten von bester Qualität!

Eier

Bitte immer aus artgerechter Haltung oder vom Bauernmarkt.
Enteneier eignen sich perfekt für Meringues und Pavlovas, denn sie haben einen höheren Fettgehalt als Hühnereier. Die Meringue wird dann viel weniger klebrig!
Lagern Sie Eier immer im Eierkarton oder in einem abgeschlossenen Fach im Kühlschrank, denn sie nehmen leicht Gerüche anderer Lebensmittel an.

Zucker

Aus Gründen der Einfachheit verwende ich für fast alle Rezepte in diesem Buch gewöhnlichen weißen Raffinadezucker, nur manchmal Rohzucker (Cassonade), braunen Zucker oder Muscovado-Zucker. In meinem Vorratsschrank habe ich den Raffinadezucker nach und nach durch nicht raffinierten Bio-Zucker (wenn möglich aus fairem Handel) ersetzt. Das wirkt sich auf die Farbe und das Aussehen des Gebäcks aus. Experimentieren Sie damit! Und wenn ein Kuchen vielleicht optisch nicht mehr ganz so viel hermacht, macht es das bessere Aroma sicher wett.
Ein Tipp zum Abmessen von Zuckerrübensirup oder Rohrzuckersirup: Tauchen Sie den Löffel zuerst ganz kurz in kochendes Wasser, dann erst in den Sirup.

Mehl

Wie beim Zucker bevorzuge ich auch beim Mehl immer öfter ungebleichte Bioprodukte aus der Steinmühle. Leider ist die Auswahl an hochwertigen Mehlsorten in den meisten Supermärkten nicht gerade berauschend. Doch glücklicherweise hat sich mein bevorzugter Lebensmittelhändler inzwischen einen ordentlichen Vorrat davon angelegt, und wenn ich große Mengen benötige, gebe ich vorab eine entsprechende Bestellung auf. Meine Kuchen erhalten so ein besseres Aroma, und außerdem tue ich meinem Körper und meinem Geist etwas Gutes.

Butter und Milch

Für manche Rezepte, besonders die angelsächsischen, verwende ich leicht gesalzene Butter, damit der Geschmack des Gebäcks dem Original möglichst nahe kommt. Natürlich können Sie auch ungesalzene Butter verwenden und eine Prise Salz oder Fleur de sel hinzufügen. Verwenden Sie ausschließlich frische Vollmilch. H-Milch (UHT-Milch) hat einen unangenehmen Beigeschmack. Sie können normale Milch auch durch Buttermilch ersetzen; Buttermilch macht Kuchen und Scones besonders weich und saftig.

Obst und Trockenfrüchte

Datteln und andere Trockenfrüchte lassen sich besser schneiden, wenn man die Messerklinge dünn mit Öl bestreicht; so klebt das Trockenobst nicht am Messer. Überreife Bananen können Sie einfrieren und später einmal zu einem Bananenbrot verarbeiten.
Um zu verhindern, dass Früchte, wie zum Beispiel Kirschen, auf den Grund des Kuchens sinken, füllen Sie die Hälfte des Teigs ohne Früchte in die Form, setzen diese anschließend darauf und verteilen dann den restlichen Teig darauf. Jetzt befinden sich die Früchte zwar ziemlich geballt in der Mitte – aber immer noch besser als geballt auf dem Boden.

Top-Tipps

Achten Sie darauf, dass alle Zutaten Raumtemperatur haben, bevor Sie mit der Zubereitung beginnen, das gilt besonders für Butter und Eier. Verlangt das Rezept weiche Butter, sollte diese die Konsistenz von Margarine haben. Ist sehr kalte Butter gefragt, wie beispielsweise für Mürbteig, Streusel usw., muss sie so hart sein, dass sie sich nur mit Mühe schneiden lässt. Machen Sie sich mit Ihrem Backofen vertraut und passen Sie die im Rezept angegebene Temperatur allenfalls seinen »Launen« an. Haben Sie immer ein wachsames Auge auf Ihr Backwerk.

Mehl und Backpulver immer sieben, wenn das Rezept es verlangt. So verteilt sich das Backpulver gleichmäßig im Teig und Sie werden mit luftig-lockerem Gebäck belohnt.

Fetten und mehlen Sie die Backformen, auch wenn sie beschichtet sind, ebenso Silikonformen, die filigrane Formen haben. Am einfachsten geht das mit Fett aus der Sprühflasche.

Zum Prüfen, ob der Kuchen durchgebacken ist, stechen Sie mit einem Metallstäbchen oder einem spitzen Messer in die Mitte des Kuchens; es sollte beim Herausziehen kein Teig mehr daran haften. Oder Sie drücken mit dem Daumen in der Mitte auf den Kuchen; der Teig sollte so elastisch sein, dass er sich danach wieder ausdehnt und die ursprüngliche Form annimmt.

Werkzeug

Das Werkzeug der Hobby-Bäckerin ist meist ein kunterbuntes Sammelsurium aus alten Utensilien, die Mama aus ihren Schubladen hervorgekramt hat, als man auszog, aus zusammengekauften Dingen, speziell besorgt für neue Rezepte, Zufallsgeschenken von Freunden und spontanen Impulskäufen. So ist man stolzer Besitzer von vier Tortenhebern, hat aber keinen Dosenöffner, besitzt zwar zwei Waffeleisen, aber keinen wirklich gut funktionierenden Blitzhacker. Wie schön wäre es, noch einmal von vorne zu beginnen und sich in den angesagten Geschäften neu einzudecken – und dies mit unbegrenztem Budget!

Auf dem Foto rechts sehen Sie fast alles, was man zum Backen braucht. Vielleicht noch eine Küchenmaschine (die von KitchenAid ist nach wie vor die von mir bevorzugte), aber ein gutes Handrührgerät reicht auch, um Butter und Zucker schaumig zu schlagen.

Ein anderes unverzichtbares Gerät ist ein Blitzhacker (Cutter, Moulinette), ein Gerät, das mir seit Jahren gute Dienste leistet. Es hackt, zerkleinert, mahlt ...

Auch Kuchengitter dürfen nicht fehlen – runde wie rechteckige –, um Kuchen und Kekse abkühlen zu lassen. Davon sollten Sie unbedingt mehrere haben.

Und ein wahrhaft magisches Utensil? Das ist für mich der runde Edelstahl-Tortenheber mit Griff, der unter jeden Kuchen und unter jede noch so fragile Torte gleitet und sie ohne Malheur an einen anderen Ort verfrachtet. Darauf kann und will ich nicht mehr verzichten.

Backformen

Wenn Sie nicht viel Platz haben, empfehle ich Ihnen als Grundausstattung Kuchenbleche in zwei Größen – eines mit 20 oder 22 cm Durchmesser und zwei mit jeweils 18 cm –, eine Kastenform, eine Tarteform mit herausnehmbarem Boden, verschiedene Silikonformen für Cupcakes und Muffins, Madeleines und Cannelés (Cannelés sind kleine Törtchen mit gezacktem Rand).

Für größere Kuchen bevorzuge ich beschichtete Formen mit herausnehmbarem Boden oder Springformen. Auch wenn ich in meiner ersten Euphorie wie viele andere auch Silikonformen ausprobiert habe, weil sich das Gebäck daraus so einfach lösen lässt, bin ich doch wieder zu den guten alten Metallformen zurückgekehrt. Ich habe die Erfahrung gemacht, dass besonders Biskuitböden in Metallformen viel gleichmäßiger garen und dass vor allem die Seitenränder der Kuchen knuspriger und griffiger werden als in der Silikonform, wo eher glänzende, glatte Oberflächen entstehen. Manchmal habe ich sogar einen unangenehmen leicht chemischen Geschmack festgestellt!

Metallformen lassen sich schnell und einfach fetten. Ich fette Formen mit den Fingern, um auch in den letzten Winkel zu gelangen. Man kann auch das Butterpapier zum Fetten benutzen oder einen Pinsel, den man in geschmolzene Butter taucht – so machen es die Profis.

Um sicherzugehen, dass sich der Kuchen auch wirklich gut aus der Form löst, kleide ich die Form mit Backpapier aus, das ich auf Maß zurechtschneide. Für einige Kuchen wie den Orangentorte von Seite 276 oder den Karamellkuchen von Seite 60 ist das unbedingt notwendig. Aber der Einfachheit halber begnüge ich mich in neun von zehn Fällen mit der Butter-Mehl-Kombination. In den meisten Fällen lässt sich ein Biskuitboden auch einwandfrei aus einer Schwarzblechform mit herausnehmbarem Boden lösen, wenn man diese sorgfältig gefettet und bemehlt hat. Bei anderem Gebäck wie beispielsweise einem Schokofondant-Kuchen, Cannelés oder Muffins kann das Lösen aus herkömmlichen Formen heikel sein – dann sind Silikonformen eindeutig die bessere Wahl.

Neben verschiedenen Backformen braucht man natürlich auch Backbleche. Zwei bis drei sollte man in jedem Fall besitzen, damit man auch mehrere Ofenladungen Kekse oder Scones bewältigen kann. Ich schwöre auf beschichtete Backbleche, die ich darüber hinaus meistens noch mit Backpapier oder einer Backmatte aus Silikon auslege.

SOS – Kuchen misslungen!

Mein Kuchen hat in der Mitte einen riesigen Krater. Könnte glatt der Kilimandscharo sein ...
Haben Sie zu viel Backpulver verwendet? Oder waren Sie zu ungeduldig und haben die Backofentür zu früh geöffnet?

Mein Kuchen hat auf der ganzen Länge einen hässlichen tiefen Riss.
Sie haben den Kuchen zu weit oben im Ofen eingeschoben. Oder die Temperatur war zu hoch.

Mein Kuchen hat eine grobkörnige Oberfläche.
Mit sehr feinem Backzucker kann das nicht passieren. Achten Sie außerdem darauf, dass der Teig wirklich gut gerührt wird und sich der Zucker vollständig auflöst.

Meine Kuchen sind immer viel zu trocken.
Zu viel Backpulver. Oder Sie lassen ihn nach dem Erkalten zu lange unbedeckt stehen.

... und dies besonders nach dem Auftauen.
Achten Sie darauf, den Kuchen vor dem Einfrieren vollständig erkalten zu lassen und dann sorgfältig einzupacken.

Meine Kuchen sind oben immer verbrannt, aber in der Mitte noch nicht durchgebacken.
Ihr Ofen ist zu heiß. Richten Sie sich nicht sklavisch nach der im Rezept angegebenen Temperatur. Öfen können »sehr eigenwillig« sein. Meiner ist es ganz sicher!

Die Meringue zerläuft beim Backen, anstatt fest zu werden.
Sie haben den Zucker zu schnell unter den Eischnee gerührt. Oder zu viel auf einmal.

Der Abdruck des Kuchengitters stört mich.
Legen Sie ein Küchentuch auf das Gitter, bevor Sie den Kuchen darauf stürzen.

Das Obst sinkt in meinen Kuchen immer auf den Boden.
Pech gehabt! Möglicherweise ist der Teig zu flüssig. Nehmen Sie etwas mehr Mehl oder verwenden Sie beim nächsten Mal kleinere Eier. Und siehe auch den Hinweis auf Seite 9.

Mein Kuchen ist flach wie ein Fladen.
Haben Sie vielleicht das Backpulver vergessen? Möglicherweise haben Sie aber auch den Teig zu lange gerührt oder das Mehl zu heftig eingerührt – insbesondere bei sehr leichten Biskuitteigen wirkt sich das negativ aus. Oder aber Ihr Ofen ist nicht heiß genug.

Mein Kuchen bleibt in der Form kleben.
Auch das ist ein häufiges Problem. Fetten und mehlen Sie den Boden und die Seiten der Form sehr gründlich. Ganz sicher gehen Sie, wenn Sie sie mit Backpapier auskleiden.

In meinen Kuchen bleiben Mehlklümpchen zurück.
Sie wissen es genau: Sie sollten das Mehl immer sieben!

Meine Kekse werden weich, wenn ich sie einige Tage aufbewahre.
Dann müssen Sie sie eben schneller essen! Lassen Sie sie immer vollständig abkühlen, bevor sie in die Dose kommen. Wenn Sie sie zusammen mit einem Kuchen aufbewahren, absorbieren die Kekse die Feuchtigkeit. Wenn die Kekse kandierte Kirschen oder getrocknete Aprikosen enthalten, kann das Obst Feuchtigkeit abgeben.

Wenn ich Kuchen mit Zuckerguss glasiere, mischen sich immer Kuchenkrümel in die Glasur.
Bestreichen Sie den Kuchen vor dem Glasieren ganz dünn mit lauwarmer Aprikosenkonfitüre.

Rührkuchen

Die Ultra-Einfachen, die Basics und die, die's in sich haben

Drei Rührteig-Grundrezepte

Hier drei einfache Grundzubereitungen für drei unterschiedliche Typen von Kuchen. Wenn Sie noch den Mandelkuchen von Seite 52 und den Angel Food Cake von Seite 304 dazunehmen, haben Sie schon fast ausgesorgt. Ganz ehrlich: Mit diesen fünf Kuchen und den Geschmacks-, Formen- und Farbvarianten, die sie eröffnen, besitzen Sie schon ein ganz beachtliches Repertoire!

Ich kann es nicht oft genug sagen: Ganz wichtig für das Gelingen von Backwerk ist die richtige Temperatur der Zutaten. Wenn weiche Butter verlangt ist, sollte diese einer Messerklinge beim Durchschneiden keinen Widerstand bieten, aber andererseits auch nicht ihre Form verlieren, schmelzen oder zerlaufen. Eier sollten Raumtemperatur haben; nehmen Sie sie daher immer als Erstes aus dem Kühlschrank, sobald Sie die Backlust überkommt, und lassen Sie sie sich erwärmen. Gewöhnen Sie sich an, das Mehl zu sieben – es lohnt sich wirklich! Dadurch lassen sich nicht nur Klümpchen auflösen, es kommt auch Luft ins Mehl. Am besten siebt man das Mehl direkt in die Rührschüssel.

Alles auf einmal

225 g sehr weiche Butter
225 g Zucker
225 g Mehl, gesiebt
1 gehäufter TL Backpulver

Form:
1 Kuchenblech oder 1 Springform von 22 cm Durchmesser, gefettet und bemehlt

1 Den Ofen auf 180 Grad vorheizen.
2 Alle Zutaten gleichzeitig in eine Rührschüssel geben und 1 Minute lang zu einem glatten Teig rühren.
3 Den Teig in die vorbereitete Form füllen, glatt streichen und je nach Ofen rund 25 Minuten backen.
4 Nach 20 Minuten Backzeit mit einem Metallstäbchen oder mit Fingerdruck prüfen, ob der Teig durchgebacken ist.
5 Den Kuchen aus dem Ofen nehmen, einige Minuten auf einem Kuchengitter abkühlen lassen, dann aus der Form lösen.

Alles auf einmal

Ohne Butter

4 Eier
100 g Zucker
100 g Mehl
½ Päckchen Backpulver

Form:
2 Kuchenbleche oder Springformen à 18 cm Durchmesser, gefettet, bemehlt und mit Backpapier ausgekleidet

1 Den Ofen auf 190 Grad vorheizen.
2 Die Eier und den Zucker in eine Rührschüssel geben.
3 Mit der Küchenmaschine oder dem Handrührgerät 4–5 Minuten schaumig schlagen, bis eine dickliche, helle Masse entstanden ist. Beim Herausziehen der Rührbesen aus der Masse muss eine deutlich sichtbare Spur zurückbleiben.
4 Das Mehl mit dem Backpulver mischen. Nach und nach in esslöffelgroßen Portionen vorsichtig darunterheben, so dass viel Luft in den Teig kommt.
5 Sobald sich das Mehl mit dem Teig verbunden hat, nicht mehr weiterrühren. Eher dürfen noch Mehlspuren zu erkennen sein, als dass der Teig zu stark gerührt wird.
6 Den Teig in die vorbereiteten Formen füllen und bei 180 Grad 20–25 Minuten backen.
7 Nach 20 Minuten Backzeit mit einem Metallstäbchen oder mit Fingerdruck prüfen, ob der Teig durchgebacken ist.
8 Die Kuchen aus dem Ofen nehmen und einige Minuten auf Kuchengittern abkühlen lassen, dann aus den Formen lösen.

Biskuit

Zuerst Zucker und Butter

75 g Zucker
75 g weiche Butter
Eier, verklopft
75 g Mehl
gehäufter TL Backpulver

Form:
Kuchenbleche oder Springformen à 18 cm Durchmesser, gefettet und bemehlt

Den Ofen auf 180 Grad vorheizen.

2 Den Zucker und die Butter in eine Rührschüssel geben und mit der Küchenmaschine oder dem Handrührgerät 2–3 Minuten schaumig schlagen, bis eine helle, cremige Masse entstanden ist.

3 Nach und nach unter Rühren die Eier darunterarbeiten.

4 Esslöffelgroße Portionen Mehl und Backpulver dazugeben und vorsichtig darunterheben, so dass viel Luft in den Teig kommt.

5 Sobald sich das Mehl mit dem Teig verbunden hat, nicht mehr weiterrühren. Eher dürfen noch Mehlspuren zu erkennen sein, als dass der Teig zu stark gerührt wird.

6 Den Teig in die vorbereiteten Formen füllen und bei 180 Grad 20–25 Minuten backen.

7 Nach 20 Minuten Backzeit mit einem Metallstäbchen oder mit Fingerdruck prüfen, ob der Teig durchgebacken ist.

8 Die Kuchen aus dem Ofen nehmen und einige Minuten auf Kuchengittern abkühlen lassen, dann aus den Formen lösen.

Sandkuchen

Zubereitung:
10 Minuten
Backen:
50 Minuten

Sandkuchen

Dieser buttrige Rührkuchen mit Vanillearoma erfreut sich in der ganzen Welt größter Beliebtheit; in Amerika nennt man ihn »Pound Cake«, in England »Victoria Sponge« und in Frankreich »Quatre-quarts«. Ich mag ihn in seiner »Alles auf einmal«-Version. Und seitdem es in den Kühlregalen bereits streichzarte Butter gibt, ist die Herstellung von Sandkuchen noch einfacher und schneller geworden.

Für 12 Personen

4 Eier
das Gewicht der Eier an gesalzener Butter
das Gewicht der Eier an Zucker
das Gewicht der Eier an Mehl
1/2 Päckchen Backpulver

Form:
1 Kastenform oder 1 Kuchenblech bzw. 1 Springform von 20 cm Durchmesser, gefettet und bemehlt

1 Den Ofen auf 180 Grad vorheizen.
2 Butter und Zucker schaumig schlagen.
3 Unter Rühren nach und nach die Eier dazugeben. Dann das Mehl zusammen mit dem Backpulver dazusieben und daruntermischen.
4 Den Teig in die vorbereitete Form füllen und im vorgeheizten Ofen 45–50 Minuten backen.
5 Aus dem Ofen nehmen und vor dem Stürzen einige Minuten abkühlen lassen.
6 Nach dem Stürzen auf dem Kuchengitter vollständig erkalten lassen.

Zubereitung:
20 Minuten
Backen:
50 Minuten
Ruhenlassen:
5 Minuten

Karottenkuchen

Eine eigentlich »unmögliche« Kombination ist zu einem großen internationalen Klassiker geworden. Heute existieren Variationen mit allen Arten von Wurzelgemüse, etwa mit Zucchini oder Roter Bete, mit denen man ebenso Eindruck schinden wie die Geschmacksknospen erfreuen kann. Ich biete Ihnen hier zwei Versionen an: eine luftig leichte, die mit meiner berühmten Frischkäse-Glasur gekrönt wird, und eine mit Mandeln, die wir gerade begeistert schmausten, als die Idee zu diesem Buch entstand ...

Für 12 Personen

4 Eier
175 g Rohzucker
50 g Vergeoise-Zucker (dunkler Rübenzucker mit Karamellaroma)
1 TL Haselnussöl
300 g Karotten, geschält und gerieben
250 g gemahlene Mandeln
60 g Walnusskerne, grob gehackt
60 g Pekannusskerne, grob gehackt
½ Orange, Saft
1 unbehandelte Zitrone, abgeriebene Schale sowie Saft von ½ Zitrone
60 g Mehl
½ Päckchen Backpulver
1 TL Zimtpulver
1 TL Fleur de Sel (Meersalz)

Form:
1 Kastenform, mit Backpapier ausgekleidet

1 Den Ofen auf 180 Grad vorheizen.

2 Die Eier mit dem Zucker schaumig schlagen. Das Haselnussöl beifügen und darunterrühren.

3 Die geriebenen Karotten unter die Eimasse mischen. Die gemahlenen Mandeln und die gehackten Nüsse hinzufügen und wiederum gut mischen. Zuletzt den Orangensaft, den Zitronensaft und die Zitronenschale darunterziehen.

4 Mehl, Backpulver, Zimtpulver und Salz unter den Teig rühren.

5 Den Teig in die vorbereitete Form füllen und bei 180 Grad 20 Minuten backen. Dann die Ofentür öffnen, die Temperatur auf 130 Grad abfallen lassen und den Kuchen weitere 30–45 Minuten backen. Mit einem Metallstäbchen prüfen, ob der Teig durchgebacken ist. Der Kuchen sollte außen schön gebräunt und innen noch etwas feucht und saftig sein.

6 Aus dem Ofen nehmen und 5 Minuten in der Form abkühlen lassen, dann aus der Form lösen. In Alufolie eingewickelt aufbewahren, damit er nicht austrocknet.

Zubereitung:
10 Minuten
Backen:
1 Stunde

Karottenkuchen mit Frischkäse-Glasur

Eine luftig leichte, aromatische Version dieses Kuchen-Klassikers, gekrönt mit der berühmten Frischkäse-Glasur.

Für 12 Personen

225 g weiche, leicht gesalzene Butter
225 g Rohzucker
4 Eier
1 unbehandelte Orange, abgeriebene Schale
1 unbehandelte Zitrone, abgeriebene Schale
180 g Mehl
1 TL Backpulver
75 g gemahlene Mandeln oder Haselnüsse
300 g Karotten, geschält und gerieben
75 g Rosinen

Glasur:
200 g ungesalzener Frischkäse
1 EL Zitronen- oder Orangensaft
80 g Puderzucker, gesiebt

Form:
1 Kuchenblech oder 1 Springform
von 20 cm Durchmesser, gefettet und bemehlt

1 Den Ofen auf 180 Grad vorheizen.

2 Butter, Zucker, Eier, Orangen- und Zitronenschale, Mehl, Backpulver und die gemahlenen Mandeln oder Haselnüsse in der Küchenmaschine oder mit dem Handrührgerät auf hoher Stufe 1 Minute schaumig schlagen.

3 Die geriebenen Karotten und die Rosinen darunterheben und mischen, so dass ein homogener Teig entsteht.

4 Den Teig in die vorbereitete Form füllen und im vorgeheizten Ofen ungefähr 1 Stunde backen. Mit einem Metallstäbchen oder Messer prüfen, ob der Teig durchgebacken ist.

5 Den Kuchen aus dem Ofen nehmen und in der Form auf einem Kuchengitter etwas abkühlen lassen, dann stürzen und vollständig erkalten lassen.

6 Für die Glasur den Frischkäse mit Zitronen- oder Orangensaft sowie dem Puderzucker aufschlagen.

7 Sobald der Kuchen vollständig erkaltet ist, mit der Frischkäse-Glasur bestreichen.

Zubereitung:
10 Minuten
Backen:
1 Stunde

Ananas-Rum-Kuchen mit roter Paprika

Wer mutig ist, kann die milde Paprika durch eine Pfefferschote (Peperoncino) ersetzen ...

Für 12 Personen

175 g weiche Butter
250 g Zucker
3 Eier
275 g Mehl
1½ TL Backpulver
125 g Ananas aus der Dose, fein gehackt
½ frische Ananas, geschält und in Scheiben geschnitten
½ rote Paprikaschote, entkernt, in feine Streifen geschnitten
6 EL weißer Rum

Form:
1 quadratische oder runde Form von 20–22 cm Durchmesser, gefettet und bemehlt

1 Den Ofen auf 180 Grad vorheizen.
2 Die Butter mit 175 g Zucker, den Eiern, dem Mehl und dem Backpulver 1–2 Minuten schaumig schlagen.
3 Die Ananasstückchen aus der Dose darunterheben und den Teig in die vorbereitete Form füllen.
4 Die frischen Ananasscheiben auf dem Teig verteilen und mit den Paprikastreifen garnieren.
5 Im vorgeheizten Ofen ungefähr 1 Stunde backen. Mit einem Metallstäbchen oder Messer prüfen, ob der Teig durchgebacken ist.
6 Aus dem Ofen nehmen und auf einem Kuchengitter abkühlen lassen.
7 Den restlichen Zucker (75 g) mit 4 Esslöffeln Wasser in einem kleinen Topf etwa 5 Minuten sirupartig einkochen lassen. Den Rum hinzufügen und gut umrühren.
8 Den Rumsirup auf dem Kuchen verteilen und gut einziehen lassen. Den Kuchen vor dem Servieren abkühlen lassen.

Zubereitung:
25 Minuten
Backen:
40 Minuten

Ricottakuchen

Seine saftige Konsistenz und das zarte Aroma der mit Marsala getränkten Korinthen macht diesen schnellen Rührkuchen zu einem kleinen, feinen Gaumenschmaus zum Nachmittagstee. Gut einpacken, damit er schön feucht bleibt.

Für 6 Personen

100 ml Marsala
80 g Korinthen
180 g weiche Butter
180 g Zucker
250 g Ricotta
3 Eier, getrennt
1 TL flüssiger Vanilleextrakt
175 g Mehl
1½ TL Backpulver
Puderzucker zum Bestäuben

Form:
1 Kuchenblech oder 1 Springform von 20 cm Durchmesser, gefettet und bemehlt

1 Den Marsala bei niedriger Temperatur erwärmen und die Korinthen darin 20 Minuten einweichen.
2 Den Ofen auf 180 Grad vorheizen.
3 Die Butter und den Zucker schaumig schlagen.
4 Die Korinthen abtropfen lassen und zusammen mit dem Ricotta, den Eigelben und dem Vanilleextrakt zu der Buttermasse geben. Alles zu einem glatten Teig verrühren.
5 Das Eiweiß in einer separaten Schüssel steif schlagen und den Eischnee nach und nach vorsichtig unter den Teig heben.
6 Das Mehl zusammen mit dem Backpulver zum Teig sieben und behutsam darunterheben.
7 Den Teig in die vorbereitete Form füllen und im vorgeheizten Ofen ungefähr 40 Minuten backen. Die Oberfläche des Kuchens muss fest sein. Mit einem Metallstäbchen prüfen, ob der Teig durchgebacken ist.
8 Den Kuchen in der Form auf einem Gitter etwas abkühlen lassen. Dann aus der Form stürzen.
9 Vor dem Servieren mit Puderzucker bestäuben.

Zubereitung:
5 Minuten
Backen:
1 Stunde 30 Minuten
Ruhenlassen:
10 Minuten

Rosinenkuchen

Ein ganz einfacher Rosinenkuchen mit einem feinen Hauch Bitterorangenaroma.

Für 6 Personen

100 g weiche Butter
100 g Zucker
100 g Rosinen
100 g Korinthen
175 g Mehl
1 TL Backpulver
1 gehäufter TL Bitterorangenmarmelade

Form:
1 Rehrückenform von 1 Liter Inhalt, gefettet und bemehlt

1 Den Ofen auf 160 Grad vorheizen.
2 Alle Zutaten zusammen in der Küchenmaschine oder mit dem Handrührgerät zu einem glatten Teig verarbeiten.
3 Den Teig in die vorbereitete Form füllen und im vorgeheizten Ofen rund 90 Minuten backen. Mit einem Metallstäbchen oder Messer prüfen, ob der Teig durchgebacken ist.
4 Aus dem Ofen nehmen und 10 Minuten in der Form abkühlen lassen, dann aus der Form lösen und vollständig erkalten lassen.

Zubereitung:
5 Minuten
Backen:
1 Stunde

Madeirakuchen

Dieser Rührkuchen, ein alter englischer Klassiker, verdankt seinen Namen der portugiesischen Insel Madeira – aber nicht, weil er dort seinen Ursprung hätte, sondern weil man ihn in England traditionell zu einem Glas Madeira genoss. Heute reicht man ihn eher zum Tee, aber bei »St. John«, dem berühmten Londoner Restaurant, das sehr auf kulinarische Traditionen hält, wird er serviert wie eh und je. Statt der Gugelhupfform kann man natürlich auch eine einfache Springform oder eine Rehrückenform wählen.

Für 6 Personen

175 g weiche Butter
175 g Zucker
225 g Mehl
1½ TL Backpulver
50 g gemahlene Mandeln
3 Eier
1 unbehandelte Zitrone, abgeriebene Schale

Form:
1 runde, hohe Form von 18 cm Durchmesser, gefettet und bemehlt

1 Den Ofen auf 180 Grad vorheizen.
2 Alle Zutaten zusammen in der Küchenmaschine oder mit dem Handrührgerät 1 Minute zu einem glatten Teig verrühren.
3 Den Teig in die vorbereitete Form füllen und im vorgeheizten Ofen etwa 1 Stunde backen. Mit einem Metallstäbchen oder Messer prüfen, ober der Teig durchgebacken ist.
4 Aus dem Ofen nehmen, in der Form auf dem Kuchengitter etwas abkühlen lassen, dann aus der Form stürzen und vollständig erkalten lassen.

Zubereitung:
5 Minuten
Backen:
35 Minuten

Zitronenkuchen mit Zuckerkruste

Ein Klassiker, der auch in Ihrem Repertoire nicht fehlen darf! Achten Sie darauf, den Zitronensirup auf den Kuchen zu geben, solange dieser noch sehr heiß ist.

Für 6–8 Personen

100 g weiche, leicht gesalzene Butter
175 g Zucker
175 g Mehl
1½ TL Backpulver
2 Eier
4 EL frische Vollmilch
1 unbehandelte Zitrone, abgeriebene Schale

Glasur:
125 g Zucker
2 Zitronen, Saft

Form:
1 runde Form von 18–20 cm Durchmesser, gefettet und bemehlt

1 Den Ofen auf 180 Grad vorheizen.
2 Alle Zutaten zusammen in der Küchenmaschine oder mit dem Handrührgerät 2 Minuten zu einem glatten Teig verrühren.
3 Im vorgeheizten Ofen 35 Minuten backen. Mit einem Metallstäbchen oder Messer prüfen, ob der Teig durchgebacken ist.
4 Den Kuchen aus dem Ofen nehmen.
5 Für die Glasur den Zucker mit dem Zitronensaft verrühren und sofort, solange dieser noch heiß und in der Form ist, über den Kuchen gießen.
6 Vollständig erkalten und trocknen lassen, dann den Kuchen aus der Form nehmen.

Zubereitung:
15 Minuten
Backen:
45 Minuten

Zitronenkuchen

Wer's sehr zitronig mag, reicht dazu noch »Lemon Curd« (siehe Seite 302).

Für 6–8 Personen

50 g weiche Butter
150 g Zucker
2 Eier
125 ml Milch
150 g Mehl
1 Päckchen Backpulver
1 unbehandelte Zitrone, abgeriebene Schale und Saft
2 TL Zucker zusätzlich für die Glasur

Form:
1 Kastenform von 22 cm Länge, gefettet

1 Den Ofen auf 170 Grad vorheizen.
2 Butter und Zucker schaumig schlagen.
3 Die Eier und die Milch verklopfen. Das Mehl mit dem Backpulver mischen.
4 Abwechselnd unter Rühren die Mehl-Backpulver-Mischung und die Eiermilch zur Buttermasse geben und alles zu einem glatten Teig verrühren.
5 Die Zitronenschale hinzufügen.
6 Den Teig in die vorbereitete Form füllen und im vorgeheizten Ofen 45 Minuten backen.
7 Den Kuchen aus dem Ofen nehmen.
8 Für die Glasur den Zitronensaft mit dem zusätzlichen Zucker verrühren und über den heißen Kuchen gießen. In der Form abkühlen lassen.

Zubereitung:
15 Minuten
Backen:
40 Minuten

Apfel-Pflaumen-Kuchen

Ein Kuchen, den man gerne zum Frühstück isst oder fürs Picknick mit Kindern einpackt. Denn er ist voll leckerer, gesunder Zutaten.

Für 6–8 Personen

150 g Mehl
1½ TL Backpulver
125 g Haferflocken
100 g Früchtemüslimischung
30 g Sonnenblumenkerne
180 g Rohzucker
½ TL geriebene Muskatnuss
½ TL geriebener Ingwer
½ TL gemahlener Koriander
1 großer Boskoop-Apfel, geschält
180 g Backpflaumen ohne Stein
2 Eier
130 g leicht gesalzene Butter, geschmolzen und abgekühlt
4 EL Apfelsaft
3–4 EL Früchtemüslimischung, mit etwas Zucker vermischt, zum Bestreuen

Form:
1 Kuchenblech von 20 cm Durchmesser, gefettet und bemehlt

1 Den Ofen auf 180 Grad vorheizen.
2 Mehl, Backpulver, Haferflocken, Müslimischung, Sonnenblumenkerne, Zucker und Gewürze in einer großen Schüssel vermischen.
3 Den Apfel dazureiben und die Pflaumen beifügen. Gut daruntermischen.
4 Die Eier mit der geschmolzenen Butter und dem Apfelsaft verrühren, zu den übrigen Zutaten in die Schüssel geben und alles gut vermengen.
5 Den Teig in die vorbereitete Form füllen und glatt streichen.
6 Den Teig gleichmäßig mit der Müsli-Zucker-Mischung bestreuen und den Kuchen im vorgeheizten Ofen ungefähr 40 Minuten backen.
7 Aus dem Ofen nehmen, auf einem Kuchengitter etwas abkühlen lassen, dann aus der Form lösen und vollständig erkalten lassen.

Zubereitung:
20 Minuten
Backen:
1 Stunde 15 Minuten
Ruhenlassen:
15 Minuten

Dattel-Bananen-Kuchen

Unter der goldbraunen Oberfläche dieses hübschen Kuchens verbirgt sich eine köstliche Schicht aus Dattelmus, die man auf den ersten Blick nicht erahnt.

Für 8 Personen

250 g entsteinte Datteln
100 ml Wasser
1 unbehandelte Zitrone, abgeriebene Schale und Saft
2 sehr reife Bananen
180 g leicht gesalzene, weiche Butter
180 g Zucker
3 Eier
225 g Mehl
1½ TL Backpulver

Form:
1 quadratische Form von 20 cm Kantenlänge, gefettet und bemehlt

1 Den Ofen auf 160 Grad vorheizen.
2 Für die Garnitur 5–6 Datteln beiseite legen. Die restlichen Datteln mit Wasser, Zitronenschale und Zitronensaft in einem kleinen Topf zum Kochen bringen und 5 Minuten köcheln lassen, bis sie weich sind. Im Mixer oder mit dem Pürierstab pürieren.
3 Die Bananen mit einer Gabel zerdrücken.
4 Die Butter und den Zucker in der Küchenmaschine oder mit dem Handrührgerät schaumig schlagen.
5 Unter Rühren die zerquetschten Bananen und die Eier hinzufügen. Dann Mehl und Backpulver einrühren.
6 Die Hälfte des Teigs in die vorbereitete Form füllen, darauf das Dattelmus verstreichen und den restlichen Teig darauf verteilen.
7 Die beiseite gelegten Datteln längs in Streifen schneiden und auf dem Teig verteilen.
8 Den Kuchen im vorgeheizten Ofen ungefähr 75 Minuten backen oder so lange, bis sich die Oberfläche goldbraun färbt und sich bei leichtem Druck fest anfühlt.
9 Aus dem Ofen nehmen, 15 Minuten abkühlen lassen, dann aus der Form lösen und vollständig erkalten lassen.

Sur La Table

Zubereitung:
1 Stunde
Backen:
1 Stunde 30 Minuten

Banana Bread

Das Foto ist der Beweis dafür, dass mein Ofen tatsächlich manchmal verrückt spielt …

Für 12 Personen

75 ml Whisky oder Wasser
100 g Rosinen
125 g leicht gesalzene Butter, geschmolzen
150 g Zucker
3 Eier
300 g sehr reife Bananen (ohne Schale gewogen), zerquetscht
60 g Nüsse, gehackt
1 TL natürlicher Vanilleextrakt
180 g Mehl
2 TL Backpulver

Form:
1 Kastenform von 1 Liter Inhalt, gefettet und bemehlt

1 Whisky oder Wasser zum Kochen bringen, die Rosinen damit übergießen und 45 Minuten darin einweichen. Die Rosinen vor der Weiterverarbeitung abtropfen lassen.
2 Den Ofen auf 170 Grad vorheizen.
3 Die Butter und den Zucker in einer Schüssel mit einem Holzlöffel schaumig rühren. Nach und nach die Eier hinzufügen, dann die zerquetschten Bananen, Nüsse, Rosinen und Vanilleextrakt darunterrühren. Zum Schluss das Mehl und das Backpulver beifügen und alles zu einem glatten Teig verarbeiten.
4 Den Teig in die vorbereitete Form füllen und im vorgeheizten Ofen 90 Minuten backen. Mit einem Metallstäbchen oder Messer prüfen, ob der Teig durchgebacken ist.
5 Den Kuchen aus dem Ofen nehmen und in der Form abkühlen lassen.

PAT.
P0992105
6.197.359

Zubereitung:
30 Minuten (plus 1 Nacht Einweichzeit)
Backen:
1 Stunde 30 Minuten
Ruhenlassen:
5 Minuten

Tea Bread – Teekuchen

Noch ofenwarm oder leicht getoastet mit gesalzener Butter servieren.

Für 6–8 Personen

225 g Rosinen
225 g Korinthen
375 ml heißer Tee
1 Ei, verklopft
225 g Rohzucker
1 TL Quatre-Epices (siehe unten)
450 g Mehl, gesiebt
1 Päckchen Backpulver

Form:
1 Kastenform von 18 cm Länge, gefettet

1 Am Vorabend die Rosinen und Korinthen mit dem heißen Tee übergießen und darin über Nacht einweichen.
2 Den Ofen auf 170 Grad vorheizen.
3 Das Ei mit Zucker, Gewürzmischung, Mehl, Backpulver und den Rosinen samt Einweichflüssigkeit verrühren.
4 Den Teig in die vorbereitete Form füllen und im vorgeheizten Ofen 90 Minuten backen.
5 Den Kuchen aus dem Ofen nehmen, 5 Minuten in der Form abkühlen lassen, dann aus der Form lösen und auf dem Kuchengitter vollständig erkalten lassen.

Quatre-Epices (französisch für »vier Gewürze«) ist eine traditionelle Gewürzmischung der französischen Küche. Sie besteht aus Pfeffer, Muskatnuss, Nelken und Ingwer und lässt sich auch einfach selbst herstellen. Dazu 5 Teelöffel weiße Pfefferkörner, 2 Teelöffel geriebene Muskatnuss, 1 Teelöffel Gewürznelken und 1 Teelöffel getrockneten Ingwer im Mörser zerstoßen. Notfalls durch Lebkuchengewürz ersetzen.

Zubereitung:
15 Minuten
Backen:
50 Minuten
Ruhenlassen:
10 Minuten

Pain d'épices – Gewürzbrot

Ich liebe diese dunkle Variante von Gewürzbrot, die mit dem Trockenobst und den kandierten Früchten reichhaltig und saftig und dank des Rohrzuckersirups anstelle von Honig besonders intensiv im Aroma ist.

Für 10 Personen

450 g Mehl
2 TL geriebener Ingwer
2 TL Backpulver
180 g leicht gesalzene Butter
230 g Vergeoise-Zucker (dunkler Rübenzucker mit Karamellaroma)
325 g Rohrzuckersirup oder Melasse (Black Treacle)
300 ml frische Vollmilch
1 Ei, verklopft
125 g Rosinen
50 g Backpflaumen ohne Stein, fein gehackt
50 g getrocknete Aprikosen, fein gehackt
75 g kandierter Ingwer, fein gehackt

Form:
1 große Auflaufform, gefettet und bemehlt

1 Den Ofen auf 160 Grad vorheizen.
2 Das Mehl mit dem geriebenen Ingwer und dem Backpulver in einer Schüssel vermischen.
3 Die Butter mit Zucker und Rohrzuckersirup in einem Topf erwärmen, bis die Butter geschmolzen ist. Vom Herd nehmen, die Milch und das Ei hinzufügen und gut verrühren.
4 Die Buttermischung zum Mehl geben, Rosinen, Dörrobst und kandierten Ingwer hinzufügen und alles gut vermischen. Die Masse in die vorbereitete Auflaufform streichen.
5 Im vorgeheizten Ofen ungefähr 50 Minuten backen, bis die Oberfläche fest erscheint und an einem in die Mitte des Kuchens gestochenen Messer beim Herausziehen keine Teigspuren zurückbleiben.
6 Aus dem Ofen nehmen und 10 Minuten in der Form abkühlen lassen, dann aus der Form lösen und auf einem Kuchengitter vollständig erkalten lassen.

Zubereitung:
15 Minuten
Backen:
30 Minuten
Ruhenlassen:
10 Minuten

Heller, leichter Nusskuchen

Das Rezept funktioniert auch mit Mandeln. Dafür die Haselnüsse durch 100 g gemahlene Mandeln ersetzen und 1 Eiweiß weniger verwenden.

Für 6–8 Personen

5 Eiweiß
80 g gemahlene Haselnüsse
150 g Zucker
75 g Mehl
100 g gesalzene Butter, geschmolzen
Puderzucker zum Bestäuben

Form:
1 Kuchenblech oder 1 Springform von 18–20 cm Durchmesser, gefettet

1 Den Ofen auf 200 Grad vorheizen.
2 Die Eiweiße steif schlagen.
3 Die gemahlenen Nüsse und den Zucker behutsam darunterheben. Dann das Mehl und schließlich die flüssige Butter darunterziehen.
4 Den Teig in die vorbereitete Form füllen. Zuerst bei 200 Grad rund 15 Minuten backen. Dann die Temperatur auf 150 Grad reduzieren und weitere 15 Minuten backen.
5 Aus dem Ofen nehmen und abkühlen lassen, bis er noch lauwarm ist, dann den Kuchen aus der Form lösen und mit Puderzucker bestäubt servieren.

Zubereitung:
15 Minuten
Backen:
40 Minuten
Ruhenlassen:
10 Minuten

Süß-salziger Feta-Aprikosen-Kuchen

Diesen Kuchen serviert man mit frischem Obst zum Beispiel als Abschluss einer Sommermahlzeit, wo er Käse und Dessert zugleich ist. Oder man reicht ihn zum Aperitif – wenn man das Wort Kuchen überhaupt nicht erwartet.

Für 8–10 Personen

2 Eier und 2 Eigelb zusätzlich
100 ml mildes Olivenöl
175 g Mehl
1 TL Backpulver
75 g Rohzucker
75 g Rosinen
150 g getrocknete Aprikosen
150 g Feta

Form:
1 Kastenform mittlerer Größe, gefettet und bemehlt

1 Den Ofen auf 180 Grad vorheizen.
2 Die Eier und die Eigelbe zusammen mit dem Olivenöl aufschlagen.
3 Mehl, Backpulver, Zucker, Rosinen und Aprikosen in einer Schüssel vermischen. Dann die Eiermischung beifügen und alles zu einem glatten Teig verarbeiten.
4 Die Hälfte des Teigs in die vorbereitete Form füllen.
5 Den Feta möglichst gleichmäßig auf den Teig bröseln, so dass eine geschlossene Schicht entsteht. Den restlichen Teig darauf verteilen.
6 Im vorgeheizten Ofen 35–40 Minuten backen oder so lange, bis die Oberfläche fest ist und an einem in die Mitte des Kuchens gestochenen Messer beim Herausziehen keine Teigspuren zurückbleiben.
7 Aus dem Ofen nehmen, 10 Minuten abkühlen lassen. Dann den Kuchen aus der Form lösen und auf einem Kuchengitter vollständig erkalten lassen.

Zubereitung:
10 Minuten
Backen:
2 Stunden

Früchtebrot

Für 8–10 Personen

225 g Mehl
125 g Zucker
175 g Rosinen
175 g Korinthen
2 Eier
125 g Butter, geschmolzen
150 ml frische Vollmilch
1/2 TL gemahlene Muskatnuss

Form:
1 Kastenform, gefettet und bemehlt

1 Den Ofen auf 150 Grad vorheizen.
2 Alle trockenen Zutaten in einer Schüssel gut vermischen.
3 In der Mitte eine Mulde formen, die Eier, die flüssige Butter und die Milch hineingeben und alles zu einem glatten Teig verarbeiten.
4 Den Teig in die vorbereitete Form füllen und im vorgeheizten Ofen rund 2 Stunden backen. Mit einem Metallstäbchen prüfen, ob der Teig durchgebacken ist.
5 Aus dem Ofen nehmen, abkühlen lassen und aus der Form lösen.

Zubereitung:
15 Minuten
Backen:
1 Stunde 30 Minuten
Ruhenlassen:
10 Minuten

Englischer Kirschkuchen

Wer auf britischen »Afternoon tea« steht, kennt diesen Kuchen. Die kandierten Kirschen sollte man vor der Weiterverarbeitung gründlich abspülen und trocken tupfen, damit sie nicht auf den Grund des Kuchens sinken.

Für 8 Personen

180 g kandierte Kirschen
275 g Mehl
75 g gemahlene Mandeln
1 Päckchen Backpulver
225 g weiche Butter
225 g Zucker
4 Eier

Form:
1 Kuchenblech bzw. Springform von 20 cm Durchmesser oder 1 Kastenform, gefettet und bemehlt

1 Den Ofen auf 160 Grad vorheizen.
2 Die Kirschen vierteln, abspülen und mit Küchenpapier gründlich trocken tupfen.
3 Alle weiteren Zutaten in eine Schüssel geben und 1 Minute zu einem cremigen, glatten Teig rühren.
4 Die Kirschen daruntermischen, so dass sie möglichst gleichmäßig im Teig verteilt sind.
5 Den Teig in die vorbereitete Form füllen und im vorgeheizten Ofen 90 Minuten backen, bis sich die Oberfläche des Kuchens goldbraun färbt. Mit einem Metallstäbchen prüfen, ob der Teig durchgebacken ist.
6 Den Kuchen aus dem Ofen nehmen und 10 Minuten in der Form abkühlen lassen, dann aus der Form lösen und vollständig erkalten lassen.

Zubereitung:
30 Minuten
Backen:
1 Stunde

Karamellkuchen

lecker

Endlich ein »Karamellpudding«, der sich problemlos transportieren lässt! Einen großen Dank an die wunderbare Joanna Farrow für dieses Rezept. Ausnahmsweise wollen bei diesem Kuchen alle am breiten äußeren Ende des Kuchenstücks beginnen ...

Für 12 Personen

150 ml warmes Wasser
125 g Datteln ohne Stein, gehackt
125 g weiche, leicht gesalzene Butter
80 g Zucker
1 TL natürlicher Vanilleextrakt
3 Eier
180 g Mehl
1½ TL Backpulver

Karamellsauce:
200 ml Rahm
175 g Rohzucker
80 g leicht gesalzene Butter

Form:
1 runde Form (Springform) von 18 cm Durchmesser, gefettet und mit Backpapier ausgelegt

1 Das Wasser zum Kochen bringen und die Datteln darin 5 Minuten weich kochen. Abkühlen lassen.

2 Für die Karamellsauce den Rahm mit Rohzucker und Butter in einem kleinen Topf zum Kochen bringen und 8 Minuten köcheln lassen. Beiseite stellen und abkühlen lassen.

3 Den Ofen auf 180 Grad vorheizen.

4 Butter, Zucker, Vanilleextrakt, Eier, Mehl und Backpulver in einer Schüssel zu einem cremigen, glatten Teig verrühren. Die Dattelmasse und ein Drittel der Karamellsauce darunterrühren.

5 Den Teig in die vorbereitete Form füllen und im vorgeheizten Ofen 40 Minuten backen, bis sich der Kuchen fest anfühlt.

6 Aus dem Ofen nehmen, den Rest der Karamellsauce über den Kuchen gießen und diesen weitere 20 Minuten backen.

7 Aus dem Ofen nehmen und in der Form vollständig abkühlen lassen.

Schokoladenträume

Für Süchtige und Kompromisslose

Drei Arten von Schokoladenkuchen

Die Idee von »Bausatz«-Rezepten gefällt mir. Ich werde Ihnen also einige Grundrezepte vorstellen, die Sie dann nach persönlichem Gusto variieren können. Hier drei Schokoladenkuchen von unterschiedlicher Konsistenz. Der erste, ein sehr leichter ohne Butter, eignet sich für alles im »Schwarzwälder Stil«. Der zweite, ein etwas gehaltvollerer mit Butter, lässt sich wunderbar glasieren und dekorieren. Der dritte ist der gehaltvollste und ließe sich noch durch einen cremigen Schokoladenüberzug toppen. Und noch ein Tipp: Probieren Sie unbedingt den Schokofondant-Kuchen von Seite 80!
Damit sind Sie in Sachen göttlicher Schokoladengenüsse für den Rest Ihres Lebens bestens ausgerüstet.

Zubereitung:
5 Minuten
Backen:
25 Minuten

Leicht

Für 8 Personen

225 g sehr weiche Butter oder Margarine
225 g Zucker
4 Eier
225 g Mehl
4 EL Kakaopulver, mit 4 EL heißem Wasser verrührt
2 TL Backpulver

Form:
2 Kuchenbleche oder Springformen von 20 cm Durchmesser, gefettet und bemehlt

1 Den Ofen auf 180 Grad vorheizen.
2 Alle Zutaten in eine Schüssel geben und mit dem Handrührgerät zu einem glatten Teig verarbeiten.
3 Den Teig in die vorbereiteten Formen füllen und im vorgeheizten Ofen 25 Minuten backen. Mit einem Metallspießchen oder mit Fingerdruck in der Mitte des Kuchens prüfen, ob der Teig durchgebacken ist.
4 Den Kuchen aus dem Ofen nehmen, einige Minuten in der Form abkühlen lassen, dann aus der Form lösen und auf Kuchengittern vollständig erkalten lassen.

♥ Der rechts abgebildete Kuchen wurde in der neuartigen, im Fachhandel erhältlichen Form des deutschen Designers Konstantin Slawinski gebacken. Dank der durch die Form vorgegebenen Einteilung mit eingebauten Soll-Schnittstellen ergeben sich Kuchenstücke unterschiedlichster Größe, für jeden Geschmack und jedes Bedürfnis das passende. Aber aufgepasst: Diese Form unbedingt fetten und mehlen – auch wenn sie aus Silikon besteht.

Zubereitung:
15 Minuten
Backen:
40–45 Minuten

Sehr leicht

4 Eier
100 g Zucker
75 g Mehl
1 gestrichener TL Backpulver
25 g Kakaopulver

Form:
1 Kuchenblech oder 1 Springform von 22 cm Durchmesser, gefettet und bemehlt

1 Den Ofen auf 180 Grad vorheizen.
2 Eier und Zucker in die Rührschüssel der Küchenmaschine geben. 2–3 Minuten zu einer hellen, cremig-schaumigen Masse schlagen, in der die Rührbesen beim Herausheben eine Spur hinterlassen.
3 Mehl, Backpulver und Kakaopulver dazusieben und darunterheben.
4 Den Teig in die vorbereitete Form füllen. Im vorgeheizten Ofen 40–45 Minuten backen, bis der Kuchen in der Mitte fest erscheint. Mit einem Metallstäbchen oder Messer prüfen, ob der Teig durchgebacken ist.
5 Den Kuchen aus dem Ofen nehmen, aus der Form lösen und auf einem Kuchengitter abkühlen lassen.

Zubereitung:
15 Minuten
Backen:
45 Minuten

Sehr reichhaltig, ohne Rührgerät

Wenn möglich, schon am Vorabend backen

Für 8–10 Personen

430 g Zartbitterschokolade, zerkleinert
430 g Butter
300 ml Rahm
180 g Zucker
8 Eier
Kakaopulver oder Puderzucker zum Bestäuben

Form:
1 Kuchenblech oder 1 Springform von 24 cm Durchmesser, gefettet

1 Den Ofen auf 180 Grad vorheizen.
2 Die Schokolade mit Butter und Rahm in eine Schüssel geben und in der Mikrowelle oder über dem heißen Wasserbad schmelzen.
3 Den Zucker dazugeben und gut rühren, bis er sich auflöst.
4 In einer zweiten Schüssel die Eier mit dem Schneebesen oder einer Gabel leicht verklopfen, zur Schokoladenmasse geben und gut verrühren, so dass eine homogene Masse entsteht.
5 Den Teig in die vorbereitete Form füllen und im vorgeheizten Ofen rund 40 Minuten backen.
6 Den Kuchen in der Form auf einem Kuchengitter vollständig abkühlen lassen. Erst dann aus der Form nehmen, gut einpacken und über Nacht im Kühlschrank ruhen lassen.
7 Den Kuchen mit Kakaopulver und/oder Puderzucker bestäuben oder nach Wunsch glasieren.

Zubereitung:
15 Minuten
Backen:
15 Minuten

Schoko-Cupcakes

Aus einem einfachen Schokoladenkuchen-Grundrezept und einer köstlichen Glasur werden himmlische Cupcakes, mit denen Sie Ihre Gäste verzaubern. Bereiten Sie sie in möglichst kleinen Förmchen zu – als idealer Begleiter zum Kaffee oder als Dessert.

Für etwa 20 Stück

225 g Butter
225 g Zucker
4 Eier
225 g Mehl
4 TL Kakaopulver, mit 4 TL heißem Wasser verrührt
1½ TL Backpulver

Glasur:
200 g Zartbitterschokolade, zerkleinert
100 g Butter
4 TL Wasser

Form:
1 Muffinblech und 20 Papierbackförmchen

1 Den Ofen auf 180 Grad vorheizen.
2 Die Papierbackförmchen in die Mulden des Muffinblechs setzen.
3 Alle Teigzutaten in einer Schüssel 1 Minute zu einem glatten Teig verrühren.
4 Die Papierbackförmchen zu zwei Dritteln mit dem Teig füllen (oder etwas weniger, wenn eine flache Oberfläche gewünscht ist). Im vorgeheizten Ofen 12–15 Minuten backen; dabei stets gut im Auge behalten!
5 Sobald die Cupcakes etwas aufgegangen sind, aus dem Ofen nehmen und einige Minuten in der Form abkühlen lassen. Dann vom Blech nehmen und vollständig erkalten lassen.
6 Die Glasur erst zubereiten, wenn die Cupcakes vollständig erkaltet sind. Dafür die Schokolade mit Butter und Wasser in einer kleinen Schüssel in der Mikrowelle oder über dem heißen Wasserbad schmelzen. Gut verrühren, so dass die Masse glatt und geschmeidig wird. Einige Minuten eindicken lassen und dann die Cupcakes damit bestreichen.
7 Die glasierten Cupcakes nach Gusto dekorieren und die Glasur fest werden lassen.

Zubereitung:
30 Minuten
Backen:
20 Minuten
Ruhenlassen:
2 Stunden

Tarte absolue – Schokoladentarte

Für 8–10 Personen

Schokoladen-Mürbteig:
250 g Mehl
100 g Puderzucker
1 Prise Salz
1 EL Kakaopulver
200 g sehr kalte Butter, gewürfelt
2 Eigelb, mit 1 EL Wasser leicht verklopft

150 g Zartbitterschokolade zum Bestreichen

Schokoladencreme:
200 ml Rahm
300 g Zartbitterschokolade, zerkleinert
3 Eigelb
40 g Butter

Garnitur (fakultativ):
100 g Zucker
1 TL Kakaopulver

Form:
1 Tortenblech mit herausnehmbarem Boden

1 Für den Teig alle Zutaten außer den Eigelben in einer Schüssel vermischen und mit den Fingerspitzen (oder mit der Küchenmaschine) zu einem krümeligen Teig verarbeiten.
2 In der Mitte eine Mulde formen und die Eigelbe hineingeben. Mit einem Holzlöffel verrühren, dann mit den Händen zu einem zusammenhängenden Teig kneten. Den Teig in Frischhaltefolie wickeln und mindestens 2 Stunden im Kühlschrank ruhen lassen.
3 Den Ofen auf 190 Grad vorheizen.
4 Den Teig etwa 3 mm dünn ausrollen und die Form damit auskleiden. Den Teigboden mit Backpapier bedecken, mit Blindbackperlen oder Hülsenfrüchten beschweren und im vorgeheizten Ofen 15–20 Minuten blindbacken (siehe Seite 184). Herausnehmen und erkalten lassen.
5 Die Schokolade zum Bestreichen des Teigbodens in der Mikrowelle oder über dem heißen Wasserbad schmelzen.
6 Mit einem Pinsel den Teigboden mit der Schokolade bestreichen und diese vollständig fest werden lassen.
7 Für die Schokoladencreme den Rahm erhitzen, über die Schokolade gießen und gut umrühren, so dass die Schokolade schmilzt. Dann Eigelbe und Butter einrühren. Die Creme auf den Teigboden füllen und erkalten lassen.
8 Für die Garnitur den Zucker in einem Topf auf dem Herd bei niedriger Temperatur langsam zum Schmelzen bringen und karamellisieren lassen, das Kakaopulver dazusieben und gut verrühren. Mit der Masse auf einer Silikonmatte oder einem Marmorbrett nach Belieben dekorative Formen bilden. Diese fest werden lassen und den Kuchen damit verzieren.

Zubereitung:
15 Minuten
Backen:
15 Minuten

Törtchen mit Schokoladenpraliné-Füllung

Für 6–8 Personen

1 Portion Sandteig (Rezept Seite 182)
200 ml Rahm
50 g Zartbitterschokolade, zerkleinert
250 g Pralinémasse (Gianduja), zerkleinert

Form:
6–8 Tarteletteförmchen

1 Den Ofen auf 190 Grad vorheizen.
2 Den Sandteig etwa 3 mm dünn ausrollen und damit die Formen auskleiden.
3 Die Teigböden mit Backpapier belegen, mit Blindbackperlen oder Hülsenfrüchten beschweren und im vorgeheizten Ofen 15–20 Minuten blindbacken (siehe Seite 184). Herausnehmen und erkalten lassen.
4 Den Rahm zum Kochen bringen und über die Schokolade und die Pralinémasse geben. Zu einer homogenen Masse verrühren und diese in die erkalteten Törtchen verteilen. Fest werden lassen.

Zubereitung:
15 Minuten
Backen:
1 Stunde

Weiße Schokoladentörtchen

Diese weißen Schokoladentörtchen kann man wunderbar mit Himbeeren, Erdbeeren oder Blaubeeren garnieren.

Für 8–10 Personen

1 Portion Sandteig (Rezept Seite 182)
1 Blatt Gelatine
150 g weiße Schokolade, zerkleinert
1 Eigelb
200 ml Rahm

Form:
8–10 Tarteletteförmchen

1 Den Ofen auf 190 Grad vorheizen.
2 Den Sandteig etwa 3 mm dünn ausrollen und damit die Formen auskleiden.
3 Die Teigböden mit Backpapier belegen, mit Blindbackperlen oder Hülsenfrüchten beschweren und im vorgeheizten Ofen 15–20 Minuten blindbacken (siehe Seite 184). Herausnehmen und erkalten lassen.
4 Die Gelatine in kaltem Wasser einweichen, ausdrücken und in 1 Esslöffel sehr heißem Wasser auflösen.
5 Die Schokolade in der Mikrowelle oder über dem heißen Wasserbad schmelzen, etwas abkühlen lassen, dann das Eigelb und die Gelatine darunterrühren. Vollständig erkalten lassen.
6 Den Rahm steif schlagen, unter die Schokoladenmasse heben und die Törtchen damit füllen. Im Kühlschrank fest werden lassen.

Zubereitung:
15 Minuten
Backen:
35–40 Minuten
Ruhenlassen:
2 Stunden

Meringuetorte mit luftiger »Mars«-Füllung

Ich weiß, dass es im ersten Moment ungewöhnlich erscheint, eine Meringuemasse auf einem Biskuitboden zu backen – aber es schmeckt einfach himmlisch! Dann fehlt nur noch eine schaumige Schlagrahmschicht mit einigen Scheibchen »Mars«, um die von der süßen, weichen Masse lahmgelegten Kaumuskeln wieder auf Trab zu bringen.

Für 8–10 Personen

Biskuitboden:
115 g weiche Butter
280 g Zucker
3 Eigelb
50 g Kakaopulver, mit 225 ml heißem Wasser verrührt
180 g Mehl
1 TL Backpulver

Meringue:
3 Eiweiß
120 g Zucker

Füllung:
200 ml Rahm
1 EL Mascarpone
3–4 Riegel Mars, in dünne Scheiben geschnitten

Form:
2 Kuchenbleche oder Springformen von je 20 cm Durchmesser, gefettet und bemehlt, zusätzlich mit einem passend zugeschnittenen und auf der Oberseite gefetteten Stück Backpapier belegt

1 Den Ofen auf 160 Grad vorheizen.
2 Für den Biskuitboden die Butter und den Zucker rund 3 Minuten schaumig schlagen. Nach und nach unter Rühren die Eigelbe hinzufügen. Die Kakaomischung und zuletzt das gesiebte Mehl sowie das Backpulver behutsam einrühren.
3 Den Teig in die vorbereiteten Formen füllen und die Oberfläche glatt streichen.
4 Für die Meringue die Eiweiße mit der Hälfte des Zuckers steif schlagen; dann unter stetigem Weiterrühren den restlichen Zucker einrieseln lassen.
5 Die Meringuemasse auf dem Biskuitteig verteilen; dabei einen Rand von etwa 2 Zentimetern frei lassen, so dass sich die Meringuemasse noch etwas ausdehnen kann, um schließlich den Biskuitboden ganz zu bedecken.
6 Im vorgeheizten Ofen 35–40 Minuten backen. Herausnehmen und in den Formen erkalten lassen, dann vorsichtig aus den Formen lösen.
7 Für die Füllung den Rahm zusammen mit der Mascarpone steif schlagen.
8 Die Mars-Scheibchen unter die Hälfte des Schlagrahms heben und diesen auf einer der beiden Meringueschichten verstreichen.
9 Den zweiten Kuchenboden daraufsetzen und diesen mit dem restlichen Schlagrahm bestreichen.

Zubereitung:
5 Minuten
Backen:
22 Minuten

Nathalies Schokofondant-Kuchen

Wenn möglich, bereits am Vorabend backen.

Für 6–8 Personen

200 g Zartbitterschokolade, zerkleinert
200 g Butter
250 g Zucker
5 Eier
1 EL Mehl

Form:
1 Kuchenblech von 20 cm Durchmesser aus Silikon oder mit Backpapier ausgelegt

1 Den Ofen auf 190 Grad vorheizen.
2 Die Schokolade und die Butter in eine Schale geben und in der Mikrowelle oder über dem heißen Wasserbad schmelzen. Den Zucker einrühren und die Masse etwas abkühlen lassen.
3 Nacheinander die Eier einrühren; nach jedem Ei ausgiebig mit dem Holzlöffel rühren, bis es sich vollständig mit der Masse verbunden hat. Dann das Mehl dazugeben und glatt rühren.
4 Den Teig in die vorbereitete Form füllen und im vorgeheizten Ofen 22 Minuten backen. Der Kuchen muss in der Mitte noch leicht dickflüssig sein.
5 Aus dem Ofen nehmen, sofort aus der Form heben und auf einem Kuchengitter abkühlen lassen.

Zubereitung:
25 Minuten
Backen:
20 Minuten

Schokoladen-Biskuitroulade

Diese Biskuitroulade ist ein besonderer Leckerbissen. Eine wichtige Rolle beim Rollen spielt das Backpapier – damit bekommt man den weichen Biskuitteig am besten in den Griff.

Für 8 Personen

175 g Zartbitterschokolade, gründlich zerkleinert oder fertige Schokotröpfchen
5 Eier, getrennt
175 g Zucker
2 EL Puderzucker
2 EL Kakaopulver

Füllung:
250 ml Rahm
2 EL Mascarpone

Form:
1 Backblech, mit Backpapier oder Silikonmatte belegt

1 Den Ofen auf 180 Grad vorheizen.
2 Die Schokolade in der Mikrowelle oder über dem heißen Wasserbad schmelzen.
3 Die Eigelbe und den Zucker zu einer schaumigen, hellen Masse aufschlagen. Behutsam die etwas abgekühlte geschmolzene Schokolade darunterheben.
4 Die Eiweiße steif, aber nicht zu steif schlagen und in drei Portionen unter die Schokoladenmasse heben.
5 Den Teig gleichmäßig auf das mit Backpapier oder Silikonmatte ausgelegte Blech streichen und im vorgeheizten Ofen 15–20 Minuten backen, bis der Teig zwar fest ist, aber auf Fingerdruck geschmeidig nachgibt.
6 Den fertigen Biskuitboden aus dem Ofen nehmen, sofort mit einem zweiten Stück Backpapier bedecken und abkühlen lassen.
7 In der Zwischenzeit für die Füllung den Rahm mit dem Mascarpone steif schlagen. Bis zur Weiterverarbeitung kalt stellen.
8 Sobald der Biskuitboden vollständig ausgekühlt ist, vorsichtig das obere Backpapier abziehen, mit der sauberen Rückseite nach oben auf die Arbeitsfläche legen und mit Puderzucker und Kakaopulver bestäuben.
9 Nun sehr vorsichtig und am besten mit Hilfe den Biskuitboden auf das bestäubte Backpapier stürzen.
10 Das nun obenauf liegende untere Backpapier vorsichtig abziehen. Falls gewünscht, die Teigränder geradeschneiden.
11 Den Teig nicht zu dick mit dem Mascarpone-Rahm bestreichen; dabei oben einen 2 Zentimeter breiten Rand frei lassen.
12 Nun den Biskuitboden mithilfe des Backpapiers einrollen. Die erste Umdrehung sollte sehr eng sein (lediglich etwa 2 cm Durchmesser). Es macht auch nichts, wenn der Biskuitteig an manchen Stellen Risse bildet – das kann auch sehr hübsch und dekorativ aussehen. Die fertige Rolle in das Backpapier gewickelt kalt stellen (sie bleibt so besser in Form) und dieses erst kurz vor dem Servieren entfernen.

Zubereitung:
15 Minuten
Ruhenlassen:
7 Stunden

Schokoladenwurst

Die Täuschung ist perfekt! Servieren Sie diese Wurst der besonderen Art mit einem Glas Rotwein ... Ihre Gäste werden staunen!

Für etwa 20 Scheiben

125 g Zartbitterschokolade, zerkleinert
50 g Butter
150 g Haselnüsse, grob gehackt
12 Stück »Soft Cake Orange« oder ein ähnliches Produkt, geviertelt
100 g Rosinen
2–3 TL Puderzucker zum Wälzen

1 Die Schokolade und die Butter in der Mikrowelle oder über dem heißen Wasserbad schmelzen. Alle weiteren Zutaten – bis auf den Puderzucker – einrühren.
2 Die Masse im Kühlschrank etwas abkühlen lassen; sobald sie nicht mehr zu sehr an den Händen klebt, zu einer Wurst rollen.
3 Die Schokoladenwurst mindestens 6–7 Stunden kalt stellen.
4 In Puderzucker wälzen und in Scheiben aufgeschnitten servieren.

Zubereitung:
20 Minuten
Gefrieren:
1 Stunde
Ruhenlassen:
1 Stunde

KitKat-Kuchen

Dieser Kuchen ist – wie so viele kulinarische Kreationen – aus einem Missgeschick entstanden. Stellen Sie sich folgendes Szenario vor: Ein aufgrund eines unbekannten Ofens in einem fremden Haus auf einer Seite komplett verkohlter Kuchen, und dies drei Stunden vor Beginn des Kindergeburtstags, an einem Sonntagnachmittag auf dem Land ... was tun? Improvisieren! Alle Schränke durchwühlen! Die Rettung in letzter Sekunde finden – auch wenn die Zutaten mehr als befremdlich erscheinen mögen.

Für 8 Personen

250 g Zartbitterschokolade, zerkleinert
100 g Butter
3 Packungen KitKat-Kugeln
250 g Biskuitboden oder Sandkuchen (siehe Seite 24), zerkrümelt
50 g Pistazien, Mandeln oder Haselnüsse
50 g gemahlene Mandeln
50 g Rosinen

Form:
1 runde Silikon- oder Metallform von 18–20 cm Durchmesser, mit Frischhaltefolie ausgekleidet

1 Die Schokolade zusammen mit der Butter in der Mikrowelle oder über dem heißen Wasserbad schmelzen.
2 Einige KitKat-Kugeln zum Verzieren beiseite legen. In einer Rührschüssel alle anderen Zutaten vermischen, dann die flüssige Schokoladen-Butter-Mischung darübergeben und alles gut vermengen.
3 Den Teig in die vorbereitete Form füllen und 1 Stunde in den Tiefkühler stellen, so dass die Masse fest wird.
4 1 Stunde vor dem Servieren aus der Form lösen und mit den restlichen KitKat-Kugeln verzieren.

Zubereitung:
15 Minuten
Kühlstellen:
6 Stunden

Kalter Hund

Bitte hauchdünn aufschneiden ... so schmeckt dieser »Kuchen« am besten.

Für 8 Personen

3/4 Packung Butterkekse
40 g Meringues (Baiserschalen)
100 g Zartbitterschokolade
300 g Butter
2 Eier, leicht verklopft
150 g Zucker
50 g Kakaopulver

Form:
1 Kastenform, mit Frischhaltefolie ausgekleidet

1 Die Kekse und die Meringues mit den Fingern grob zerkleinern, aber nicht ganz zerkrümeln. Die Stückchen sollten etwa 1 Zentimeter groß sein.
2 Die Schokolade und die Butter in der Mikrowelle oder über dem heißen Wasserbad schmelzen, abkühlen lassen.
3 Die Eier, den Zucker und den Kakao unter die Schokoladenmasse rühren und gut vermischen. Zuletzt die Keks- und Meringuestücke darunterziehen.
4 Die Masse in die vorbereitete Kastenform füllen und die Form mindestens 6 Stunden, am besten aber über Nacht in den Kühlschrank stellen.
5 Aufschneiden und nach Belieben mit etwas Schlagrahm genießen.

Zubereitung:
3 Stunden 10 Minuten
Backen:
25 Minuten

Millionaire's Shortbread

Eine dieser göttlichen Kombinationen, die aus einem einfachen Mürbteiggebäck zum Tee einen großartigen Klassiker machen. Als Dessert serviert, verwenden Sie statt einer großen Form mehrere kleine.

Für 8–10 Personen

1 Dose gezuckerte Kondensmilch (160 ml)
225 g Mehl
75 g Zucker
125 g gesalzene Butter
175 g Zartbitterschokolade, zerkleinert
50 g Butter

Form:
1 runde Springform von 20 cm Durchmesser, gefettet und bemehlt

1 Für die Karamellschicht die geschlossene Kondensmilchdose in einen mit Wasser gefüllten Topf stellen und 3 Stunden köcheln lassen. Dann vollständig erkalten lassen.
2 Den Ofen auf 180 Grad vorheizen.
3 Mehl, Zucker und Butter mit dem Handrührgerät zu einem krümeligen Teig verarbeiten. Den Teig anschließend mit den Händen durchkneten und in die vorbereitete Form drücken.
4 Den Teigboden im vorgeheizten Ofen 25 Minuten backen, bis er sich goldbraun färbt.
5 Aus dem Ofen nehmen, abkühlen lassen und dann mit dem Karamell aus der Kondensmilchdose bestreichen.
6 Die Schokolade zusammen mit der Butter in der Mikrowelle oder über dem heißen Wasserbad schmelzen. Die Schokolade auf die Karamellschicht gießen und vollständig erkalten und fest werden lassen. In kleine Portionenstücke schneiden.

Zubereitung:
15 Minuten
Ruhenlassen:
1 Stunde

Kekskuchen

Bei diesem Rezept können Sie nach Lust und Laune und je nach Vorrat Zutaten durch andere ersetzen. Verwenden Sie unterschiedliche Kekssorten, Trockenobst, mehr Schokolade, Vollmilchschokolade – wie es Ihnen gefällt.

Für 12 Personen

250 g Zartbitterschokolade
80 g leicht gesalzene Butter
1 Riegel Mars, in Stücke geschnitten
125 g Biskuitkekse, Butterkekse oder Haferkekse, zerkleinert
125 g Paranüsse, Mandeln, Haselnüsse oder eine Mischung davon

Form:
1 große Auflaufform, mit Frischhaltefolie ausgekleidet, oder 1 Silikonform

1 Die Schokolade zusammen mit der Butter in der Mikrowelle oder über dem heißen Wasserbad schmelzen.
2 Alle weiteren Zutaten dazugeben, gut verrühren und die Masse in die vorbereitete Form füllen.
3 Im Kühlschrank etwa 1 Stunde fest werden lassen, dann in kleine Würfel schneiden.

Zubereitung:
10 Minuten
Ruhenlassen:
1 Stunde

Süße Schokoladenhäppchen zum Kaffee

Mit diesem Rezept können Sie Ihre eigenen Schokoriegel herstellen ... und zwar mit den hochwertigsten Zutaten. Wählen Sie eine sehr gute Schokolade und Trockenobst bester Qualität vom Markt oder aus dem Feinkostgeschäft.

Für rund 12 Stück

200 g hochwertige Zartbitterschokolade
2–3 Handvoll Trockenobst, Pistazien, Paranüsse, Orangeat usw.

Form:
1 Silikonform

1 Die Schokolade in der Mikrowelle oder über dem heißen Wasserbad schmelzen. Das Trockenobst und/oder die Nüsse einrühren.
2 Die Masse in die Silikonform füllen und etwa 1 Stunde im Kühlschrank fest werden lassen.
3 Aus der Form lösen und in kleine Würfel schneiden. Mit einer guten Tasse Kaffee servieren.

Zubereitung:
10 Minuten
Ruhenlassen:
5–6 Stunden

Maronen-Schokoladen-Kuchen

Für 12 Personen

500 g Maronencreme (Kastanienmus)
150 g sehr weiche Butter
3–4 EL Baileys oder 2–3 EL Rum, Cognac oder anderer Alkohol, nach Belieben
300 g Zartbitterschokolade, zerkleinert
einige kandierte Maronen (Marrons glacés)
etwas Crème fraîche oder Mascarpone zum Servieren

Form:
1 Napfkuchen- oder Kastenform, Boden mit Frischhaltefolie ausgelegt

1 Die Maronencreme mit der weichen Butter und dem Alkohol, falls verwendet, vermengen, so dass eine homogene Masse entsteht.
2 Die Schokolade in der Mikrowelle oder über dem heißen Wasserbad schmelzen. Mit der Maronenmasse vermengen.
3 Die Masse in die vorbereitete Form füllen, dabei den Teig gut auch in die Ecken der Form streichen. Den Kuchen am besten über Nacht im Kühlschrank fest werden lassen.
4 Den Kuchen mit den kandierten Maronen (ganz oder zerteilt), mit Crème fraîche oder Mascarpone, die einen leicht säuerlichen Akzent setzen, servieren.

Zubereitung:
2 Stunden 20 Minuten
Ruhenlassen:
2 Stunden

Banoffee

Banane und Karamell – welch gelungene Verbindung! Verfeinern Sie das Ganze mit einigen Wölkchen Schlagrahm und einem leicht salzigen Biskuitboden, und fertig ist eine göttliche Nascherei.

Für 6 Personen

1 Dose gezuckerte Kondensmilch (160 ml)
1 Packung Vollkornkekse
50 g gesalzene Butter
3 Bananen
1 Zitrone, Saft
200 g Vollmilchschokolade, zerkleinert
etwas Schlagrahm zum Servieren

Form:
6 runde Metallringe (Portionierringe) von 8 cm Durchmesser

1 Die Kondensmilchdose in einen mit Wasser gefüllten Topf stellen und das Wasser bei niedriger Temperatur 2 Stunden köcheln lassen. Dann die Dose herausnehmen und abkühlen lassen.
2 Die Kekse zerkrümeln. Die Butter schmelzen und mit den Kekskrümeln vermengen. Die Metallringe jeweils auf einen Teller stellen und die Keksmasse hineindrücken. Erkalten lassen.
3 Die Bananen in Scheiben aufschneiden, im Zitronensaft wenden, damit sie nicht braun werden, und auf den Keksböden verteilen.
4 Die karamellisierte Kondensmilch auf die Bananen geben.
5 Die Schokolade in der Mikrowelle oder über dem heißen Wasserbad schmelzen und auf die Karamellschicht träufeln. Abkühlen lassen und anschließend 1–2 Stunden im Kühlschrank fest werden lassen.
6 Kurz vor dem Servieren den Rahm aufschlagen. Die Törtchen vorsichtig aus den Metallringen drücken und mit dem Schlagrahm servieren.

Zubereitung:
30 Minuten
Ruhenlassen:
5 Stunden

Schokoladen-Tiramisu

An dieser Stelle verlasse ich kurz das Gebiet der Kuchen, um ein wenig zu den Desserts abzuschweifen. Können Sie mir verzeihen?

Für 6 Personen

6 Eier, getrennt
110 g Zucker
500 g Mascarpone
250 ml starker schwarzer Kaffee, lauwarm
1 Glas Amaretto oder Marsala
30 Löffelbiskuits
200 g Zartbitterschokolade, zerkleinert
4 EL Kakaopulver

Form:
1 flache Schüssel oder 6 Dessertschälchen

1 Die Eigelbe mit dem Zucker schaumig schlagen. Unter Rühren den Mascarpone dazugeben. 3 Eiweiße steif schlagen und den Eischnee unter die Mascarponemasse heben.
2 Den Amaretto unter den Kaffee rühren. Die Löffelbiskuits kurz darin eintauchen und auf dem Boden der Schüssel oder in die Schälchen verteilen.
3 Die Schokolade in der Mikrowelle oder über dem heißen Wasserbad schmelzen.
4 Die Biskuitschicht mit der Mascarponecreme bestreichen und diese anschließend mit einer dünnen Schicht flüssiger Schokolade überziehen.
5 Eine zweite Schicht Biskuits, Creme und Schokolade einfüllen.
6 Dann die Form mit Frischhaltefolie abdecken und mindestens 5 Stunden im Kühlschrank ruhen lassen. Vor dem Servieren mit Kakaopulver bestäuben.

Zubereitung:
20 Minuten
Backen:
10 Minuten
Ruhenlassen:
2 Stunden

Spekulatius-Schokokuchen mit Karamellkruste

Für 8–10 Personen

125–150 g Spekulatius
4 getrocknete Feigen, sehr fein gehackt
4 Datteln, sehr fein gehackt
2 EL Rosinen
60 g gesalzene Butter, geschmolzen
150 ml Rahm
200 g Vollmilchschokolade, zerkleinert
2 Packungen Karamellbonbons (Werther's Original)

Form:
1 runde Silikonform von 22 cm Durchmesser

1 Die Spekulatius-Kekse zerkrümeln, mit Feigen, Datteln, Rosinen und der geschmolzenen Butter vermischen. Die Masse auf den Boden der Form drücken und im Kühlschrank fest werden lassen.
2 Den Rahm zum Kochen bringen, über die zerkleinerte Schokolade gießen und zu einer homogenen Masse rühren. Die Schokoladen-Rahm-Mischung auf den Keksboden geben und im Kühlschrank weitere 2 Stunden fest werden lassen.
3 Kurz vor dem Servieren die Karamellbonbons in ein sauberes Küchentuch einschlagen und mit dem Teigroller zerkleinern. Die Karamellkrümel gleichmäßig auf dem Kuchen verteilen.

Zubereitung:
10 Minuten
Backen:
25 Minuten
Ruhenlassen:
10 Minuten

Schokokuchen mit Grüntee

200 g Butter
200 g Zartbitterschokolade, zerkleinert
4 Eier
150 g Puderzucker
60 g Mehl
1/2 Päckchen Backpulver
2–3 TL Grünteepulver (Matcha), mit 1 TL Puderzucker vermischt

Form:
1 Silikonform von 22 cm Durchmesser, gefettet und bemehlt

1 Den Ofen auf 200 Grad vorheizen.
2 Die Butter zusammen mit der Schokolade in der Mikrowelle oder über dem heißen Wasserbad schmelzen.
3 Die Eier mit dem Puderzucker schaumig schlagen, dann nach und nach Mehl und Backpulver einrühren.
4 Die beiden Mischungen zusammenrühren und in die vorbereitete Form füllen.
5 Im vorgeheizten Ofen 20–25 Minuten backen, bis der Kuchen in der Mitte gerade eben durchgebacken ist. Herausnehmen, 10 Minuten abkühlen lassen, dann aus der Form lösen.
6 Wenn der Kuchen vollständig abgekühlt ist, die Grüntee-Puderzucker-Mischung mit einer hübschen Schablone auf den Kuchen auftragen.

Kekse, Schnittchen, Kleingebäck

Klein, aber unglaublich fein

Ausstecher

Das Sammeln witziger Keksausstecher ist für viele Backbegeisterte zum leidenschaftlichen Hobby geworden. Wenn Sie also Freude am Keksebacken haben, werden Sie sicher immer ausgefallenere, verrücktere Formen auftreiben. Schöne alte Ausstecher und Formen findet man übrigens auf Trödelmärkten!

Zubereitung:
30 Minuten
Backen:
12 Minuten
Ruhenlassen:
30 Minuten

Polenta-Cookies

Für etwa 30 Stück

200 g Butter
150 g Zucker
2 unbehandelte Zitronen, abgeriebene Schale
4 Eigelb
300 g Mehl
150 g Polentagrieß

1 Den Ofen auf 200 Grad vorheizen.
2 Butter, Zucker und Zitronenschale in der Küchenmaschine oder mit dem Handrührgerät schaumig schlagen. Nach und nach die Eigelbe einrühren.
3 Das gesiebte Mehl mit der Polenta vermischen, unter Rühren in die Schüssel zur Buttermischung geben und alles zu einem glatten Teig verarbeiten.
4 Den Teig von Hand 1–2 Minuten durchkneten und dann eine Kugel formen. Diese in Frischhaltefolie wickeln und 30 Minuten im Kühlschrank ruhen lassen.
5 Anschließend den Teig nochmals durchkneten und kleine Bällchen von etwa 2 cm Durchmesser formen.
6 Diese auf ein mit Backpapier oder Silikonmatte ausgelegtes Blech setzen und im vorgeheizten Ofen 10–12 Minuten backen, bis sich die Cookies leicht goldbraun färben.
7 Die Cookies auf einem Kuchengitter abkühlen lassen. Mit einer Tasse gutem italienischem Kaffee genießen.

Zubereitung:
45 Minuten
Backen:
15 Minuten

Ochsenaugen – mal anders

Ein super-einfacher Teig und die Tatsache, dass man kleine Fingerchen braucht, die sich gerne in den Teig bohren, machen dieses Rezept ideal fürs Backen mit Kindern.

Für etwa 36 Kekse

50 g weiche Butter
100 g Rohzucker
1 EL Milch
160 g Mehl

Garnitur:
125 g Zartbitterschokolade, zerkleinert
60 g Butter

1 Den Ofen auf 180 Grad vorheizen.
2 Butter und Zucker schaumig schlagen.
3 Die Milch einrühren, anschließend das Mehl dazugeben und alles zu einem glatten Teig kneten.
4 Den Teig in drei Portionen teilen und jede zu einer Rolle von etwa 2 Zentimeter Durchmesser formen. Dann jede Rolle in 12 Scheiben schneiden und die Scheiben zwischen den Händen zu Kugeln formen.
5 Die Kugeln auf Backbleche setzen und mit dem Finger in jede Kugel eine Mulde drücken.
6 Die Kekse im vorgeheizten Ofen etwa 15 Minuten backen, bis sie sich goldbraun färben.
7 Aus dem Ofen nehmen und abkühlen lassen.
8 Für die Garnitur die Schokolade zusammen mit der Butter in der Mikrowelle oder über dem heißen Wasserbad schmelzen.
9 Mit einem Teelöffel jeweils einen kleinen Schokoladenklecks in die Mulden der Kekse setzen. Vor dem Servieren fest werden lassen.

Zubereitung:
25 Minuten
Backen:
25 Minuten

Sedgemoor-Cookies

Die Amerikaner behaupten, diese kleinen glasierten Kekse seien typisch englisch – aber in England kennt sie fast niemand ...

Für etwa 12 Kekse

115 g Korinthen
2 EL Cognac (ersatzweise warmes Wasser)
115 g weiche Butter
265 g Mehl
115 g Zucker
½ TL Quatre-Epices (siehe Seite 48)
1 TL natürlicher Vanilleextrakt
1 Ei, verklopft

Glasur:
115 g Puderzucker
2 EL frische Vollmilch

1 Die Korinthen mit dem Cognac oder dem warmen Wasser vermischen und darin einweichen.
2 Den Ofen auf 180 Grad vorheizen.
3 In der Rührschüssel der Küchenmaschine Butter und Mehl zu einem krümeligen Teig verarbeiten. Dann unter Rühren den Zucker und die Gewürzmischung hinzufügen, anschließend die Korinthen samt der Einweichflüssigkeit, Vanilleextrakt und Ei dazugeben.
4 Auf niedriger Stufe weiterrühren. Sobald sich die krümelige Masse zu größeren Teigklumpen verbindet, die Küchenmaschine ausschalten und die Masse von Hand zu einem geschmeidigen Teig kneten.
5 Den Teig 1 cm dünn ausrollen und mit dem Ausstecher runde Plätzchen ausstechen.
6 Diese mit etwa 2 cm Abstand auf ein mit Backpapier oder Silikonmatte ausgelegtes Blech setzen und im vorgeheizten Ofen etwa 25 Minuten backen, bis sie sich leicht goldbraun färben.
7 Das Blech aus dem Ofen nehmen und die Plätzchen zum Abkühlen auf ein Kuchengitter setzen.
8 Für die Glasur den Puderzucker mit der Milch glatt rühren und die Kekse damit bestreichen.
9 Auf dem Kuchengitter vollständig trocknen lassen.
10 Sobald die Glasur trocken ist, eine zweite Schicht aufstreichen. Vor dem Servieren erneut vollständig trocknen lassen.

Zubereitung:
25 Minuten
Backen: 8 Minuten
Ruhenlassen:
mindestens 1 Stunde,
höchstens
48 Stunden

Schokoladen-Pfeffer-Cookies »Alisa«

Zu einem guten Espresso ein himmlischer Genuss.

Für etwa 20 Stück

350 g Puderzucker
350 g Butter
2 große Eier, leicht verklopft
1 TL Vanilleextrakt
380 g Mehl
190 g hochwertiges Kakaopulver
1/4 TL Salz
1/2 TL Zimt
1/2 TL Cayennepfeffer
2/3 TL gemahlener schwarzer Pfeffer

Schokostreusel zum Bestreuen

1 Puderzucker und Butter mit dem Handrührgerät schaumig schlagen.
2 Unter Rühren die Eier und den Vanilleextrakt hinzufügen und alles cremig schlagen.
3 Das Mehl dazusieben, das Kakaopulver und die Gewürze beifügen und alles zu einem glatten Teig verarbeiten.
4 Den Teig zu einem flachen Fladen formen, in Frischhaltefolie wickeln und mindestens 1 Stunde im Kühlschrank ruhen lassen. Dieser Teig lässt sich auch hervorragend einfrieren.
5 Den Ofen auf 180 Grad vorheizen. Den Teig aus dem Kühlschrank nehmen und Raumtemperatur annehmen lassen.
6 Den Teig auf einer leicht bemehlten Unterlage ausrollen und mit Schokostreuseln bestreuen.
7 Mit einem Ausstecher Plätzchen ausstechen und diese auf ein mit Backpapier ausgelegtes Blech setzen.
8 Im vorgeheizten Ofen 6–8 Minuten backen. Die Plätzchen sehen dann noch ziemlich roh aus – das soll so sein. Abkühlen lassen und mit Schokostreuseln garnieren. Im Kühlschrank sind diese Kekse 5–6 Tage haltbar.

Zubereitung:
15 Minuten
Backen:
20 Minuten
Ruhenlassen:
30 Minuten

Haferflocken-Cookies

Die Haferflocken geben diesen eher mürben Keksen Biss und ein leicht nussiges Aroma. Perfekt für Picknicks und Kinderfeste.

Für etwa 20 Cookies

100 g Puderzucker
210 g gesalzene, weiche Butter
220 g Mehl
1 TL Backpulver
70 g Haferflocken
50 g Vollmilchschokolade, zerkleinert
50 g Zartbitterschokolade, zerkleinert

1 Den Ofen auf 150 Grad vorheizen.
2 Puderzucker und Butter schaumig schlagen.
3 Mehl, Backpulver und Haferflocken dazugeben und mit den Fingern zu einem relativ festen Teig verarbeiten.
4 Aus dem Teig eine Rolle von etwa 10 Zentimeter Durchmesser formen, in Frischhaltefolie wickeln und 30 Minuten im Kühlschrank ruhen lassen.
5 Dann die Teigrolle in etwa ½ Zentimeter dicke Scheiben schneiden, diese auf ein mit Backpapier oder einer Silikonmatte ausgelegtes Blech setzen und im vorgeheizten Ofen 15–20 Minuten backen, bis sich die Plätzchen goldbraun färben. Aus dem Ofen nehmen, einige Minuten auf dem Blech abkühlen lassen, dann auf ein Kuchengitter setzen.
6 Beide Schokoladensorten separat in der Mikrowelle oder über dem heißen Wasserbad schmelzen und die vollständig ausgekühlten Cookies mit Hilfe eines Teelöffels mit der flüssigen Schokolade verzieren.

Zubereitung:
10 Minuten
Backen:
10 Minuten
Ruhenlassen:
5–6 Stunden

Schokoladen-Nuss-Cookies mit Ahornsirup

Für etwa 20 Stück

150 g Rohzucker
170 g gesalzene, weiche Butter
2 EL Ahornsirup
1 Ei, verklopft
280 g Mehl
40 g Macadamia-Nüsse, gehackt (ersatzweise Pekannüsse, Walnüsse oder Haselnüsse)
60 g Schokotröpfchen (Vollmilch oder Zartbitter)

1 Den Ofen auf 190 Grad vorheizen.
2 In der Rührschüssel der Küchenmaschine Zucker, Butter und Ahornsirup schaumig schlagen. Unter Rühren das Ei hinzufügen. Dann Mehl, Nüsse und die Schokotröpfchen dazugeben und mit einem Holzlöffel darunterheben.
3 Den Teig zu einer Rolle formen, in Frischhaltefolie wickeln und im Kühlschrank 5–6 Stunden ruhen lassen.
4 Den Teig aus dem Kühlschrank nehmen. Die Rolle in ½ Zentimeter dicke Scheiben schneiden und diese auf ein mit Backpapier oder einer Silikonmatte ausgelegtes Blech setzen.
5 Im vorgeheizten Ofen 10 Minuten backen, bis die Cookies sich goldbraun färben.
6 Auf einem Kuchengitter abkühlen lassen.

Zubereitung:
15 Minuten
Backen:
15 Minuten

Erdnussbutter-Cookies mit zweierlei Schokolade

Eine amerikanische Makronen-Version. Lassen Sie sich nicht von der Erdnussbutter abschrecken, es gibt wirklich gute, hochwertige Erdnussbutter in Bioqualität mit exzellentem Aroma. Vielleicht werden Sie im Internet bei Anbietern von Bioprodukten fündig.

Für etwa 36 Cookies

Cookies:
120 g Zartbitterschokolade
120 g gesalzene Butter
300 g Zucker
3 Eier, verklopft
120 g Mehl
1½ TL Backpulver
120 g Kakaopulver
120 g Vollmilchschokolade, in 1 cm große Stücke zerkleinert

Füllung:
150 g Erdnussbutter
50 g Puderzucker

1 Den Ofen auf 170 Grad vorheizen.
2 Die Zartbitterschokolade zusammen mit der Butter in der Mikrowelle oder über dem heißen Wasserbad schmelzen.
3 Etwas abkühlen lassen, dann den Zucker und anschließend die Eier einrühren. Danach Mehl, Backpulver und Kakaopulver dazugeben und alles gut verrühren. Zum Schluss die Vollmilchschokolade darunterheben.
4 Teelöffelgroße Teigportionen zwischen den Handflächen zu Kugeln rollen, mit 5 Zentimeter Abstand auf ein mit Backpapier ausgelegtes Blech setzen und etwas flach drücken.
5 Im vorgeheizten Ofen 12–15 Minuten backen. Das Blech aus dem Ofen nehmen und die Cookies auf einem Kuchengitter abkühlen lassen.
6 Für die Füllung die Erdnussbutter mit dem Puderzucker verrühren. Die Hälfte der Cookies mit der Creme bestreichen, die restlichen Cookies mit leichtem Druck daraufsetzen. Zum Kaffee oder mit Vanilleeis als Dessert servieren.

Zubereitung:
10 Minuten
Backen:
15–20 Minuten

Gabelkekse

Ein unverzichtbares angelsächsisches Gebäck, mild und mürbe. Perfekt zu einer Tasse Tee.

Für etwa 12 Stück

100 g weiche Butter
50 g Zucker
150 g Mehl
1 gestrichener TL Backpulver

1 Den Ofen auf 180 Grad vorheizen.
2 Die Butter in der Rührschüssel der Küchenmaschine schaumig schlagen. Dann unter Rühren den Zucker und anschließend das Mehl und das Backpulver dazugeben.
3 Den Teig mit den Händen gut durchkneten, dann daraus nussgroße Kugeln formen und diese auf ein mit Backpapier oder einer Silikonmatte ausgelegtes Blech setzen.
4 Eine Gabel in kaltes Wasser tauchen und damit die Teigkugeln flach drücken, so dass die Spur der Zinken zurückbleibt.
5 Im vorgeheizten Ofen 15–20 Minuten backen, bis sich die Kekse leicht goldbraun färben.
6 Auf ein Kuchengitter setzen und dort vollständig abkühlen lassen.

Varianten

Mit Schokolade
Fügen Sie zusammen mit dem Mehl 15 g Kakaopulver hinzu.

Mit Orangenaroma
Fügen Sie mit dem Zucker die abgeriebene Schale von 1 kleinen Orange hinzu.

Zubereitung:
15 Minuten
Backen:
11 Minuten

Klassische Chocolate-Chip-Cookies

Dies ist die köstliche selbstgemachte Version, die nichts mit den schrecklichen Kopien aus dem Supermarkt gemein hat. Sie zergehen zart auf der Zunge, bevor sie die in ihnen verborgenen köstlichen Schokostückchen freigeben.

Für etwa 12 Cookies

150 g weiche Butter
80 g Rohzucker
50 g Vergeoise-Zucker
1/2 TL natürlicher Vanilleextrakt
2 Eier, verklopft
175 g Mehl
1/2 TL Backpulver
150 g Schokotröpfchen

1 Den Ofen auf 190 Grad vorheizen.
2 Zwei Bleche mit Backpapier oder Silikonmatten auslegen.
3 Butter, Rohzucker, Vergeoise-Zucker und Vanilleextrakt in der Rührschüssel der Küchenmaschine schaumig schlagen, bis sich das Volumen verdoppelt hat.
4 Unter Rühren die Eier hinzufügen. Dann das Mehl und das Backpulver behutsam darunterziehen und nur gerade so lange rühren, bis sich das Mehl mit dem Teig verbunden hat.
5 Die Schokotröpfchen darunterheben.
6 Esslöffelgroße Teigportionen mit genügend Abstand auf die vorbereiteten Bleche geben. Im vorgeheizten Ofen 9–11 Minuten backen, bis die Cookies goldbraun, in der Mitte aber noch weich sind.
7 Herausnehmen, einige Minuten auf dem Blech abkühlen lassen, dann auf Kuchengitter heben und dort vollständig erkalten lassen.

Zubereitung:
15 Minuten
Backen:
15 Minuten
Ruhenlassen:
5 Minuten

Altmodische Erdnussbutter-Kekse

Für etwa 20 Kekse

320 g Mehl
1 TL Backpulver
1 TL Salz
225 g Butter
225 g Erdnussbutter, mit oder ohne Stückchen
2 TL natürlicher Vanilleextrakt
170 g Rohzucker
170 g Raffinadezucker
3 mittelgroße Eier, verklopft

1 Den Ofen auf 180 Grad vorheizen.
2 Das Mehl zusammen mit dem Backpulver und dem Salz in eine Rührschüssel sieben.
3 Butter, Erdnussbutter und Vanilleextrakt in der Küchenmaschine schaumig schlagen.
4 Den Rohzucker und den Raffinadezucker unter Rühren hinzufügen.
5 Die Hälfte des Mehls und die Eier dazugeben, dann das restliche Mehl einrühren.
6 Aus dem Teig Kugeln von etwa 3 Zentimeter Durchmesser formen und mit 7–8 Zentimeter Abstand auf die mit Backpapier oder Silikonmatten ausgelegten Bleche setzen.
Die Zinken einer Gabel zweimal über Kreuz in den Teig drücken, so dass ein Gittermuster entsteht.
7 Im vorgeheizten Ofen etwa 15 Minuten backen, bis die Oberseite der Kekse trocken und die Unterseite goldbraun ist.
8 Herausnehmen, 5 Minuten auf den Blechen abkühlen lassen, dann auf Kuchengitter heben und dort vollständig erkalten lassen.

Zubereitung:
10 Minuten
Backen:
10–12 Minuten

Ingwer-Männer

Für 15–20 Stück

350 g Mehl
1 TL Backpulver
2 TL Ingwerpulver
100 g kalte Butter
175 g Vergeoise-Zucker
4 EL Zuckerrübensirup
1 Ei, verklopft

1 Den Ofen auf 190 Grad vorheizen.
2 Mehl, Backpulver und Ingwerpulver in eine Rührschüssel geben und mit dem Handrührgerät vermischen.
3 Die Butter hinzufügen und alles zu einem krümeligen Teig verarbeiten. Unter Rühren den Zucker dazugeben.
4 Den Sirup und das Ei einrühren und die Masse mit den Fingern zu einem glatten Teig verkneten.
5 Den Teig in zwei Portionen teilen und die erste Hälfte ausrollen.
6 Mit einem Ausstecher Männchen ausstechen und diese auf ein mit Backpapier oder einer Silikonmatte ausgelegtes Blech setzen.
7 Im vorgeheizten Ofen 10–12 Minuten backen.
8 In der Zwischenzeit die zweite Hälfte Teig ausrollen. Je nach Größe des Ausstechers ergibt der Teig 15–20 Männchen.

Zubereitung:
15 Minuten
Backen:
50 Minuten

Tante Olgas Shortbread

Dort, wo ich herkomme, gibt es noch heute in jedem Dorf unter den Damen Wettbewerbe, wer den besten Sandkuchen, die besten Scones, den besten Früchtekuchen oder eben das beste Shortbread bäckt. Die Rezepte werden gehütet wie der eigene Augapfel ... und es kursieren Gerüchte, dass Sally Maizena dazugibt und Joyce seit Neuestem tatsächlich Margarine verwendet.
Meine Tante Olga rückte ihr Rezept, ohne mit der Wimper zu zucken, heraus – denn sie weiß, dass alles von der Technik abhängt und dass ihre sowieso einzigartig und unschlagbar ist. Wichtig: kalte Hände, noch kältere Butter – und dann klappt's ... vielleicht.

Für 6–8 Personen

250 g sehr kalte gesalzene Butter, klein gewürfelt
85 g Zucker
330 g Mehl
Zucker zum Bestreuen

Form:
1 runde Tarteform mit gewelltem Rand

1 Den Ofen auf 150 Grad vorheizen.
2 Butter, Zucker und Mehl mit den Fingern oder in der Küchenmaschine zu einem krümeligen Teig verarbeiten. Herausnehmen und von Hand 1 Minute auf einer kalten, leicht bemehlten Unterlage kneten.
3 Den Teig mit den Fingern in die Form drücken.
4 Im vorgeheizten Ofen 50 Minuten backen.
5 Aus dem Ofen nehmen, in Rauten schneiden und mit Zucker bestreuen. In der Form abkühlen lassen.

Zubereitung:
15 Minuten
Backen:
30 Minuten

Pistazien-Ingwer-Shortbread

Für 6–8 Personen oder etwa 15 Stück

250 g sehr kalte gesalzene Butter, klein gewürfelt
85 g Zucker
330 g Mehl
50 g Pistazien
3 EL kandierter Ingwer, fein gewürfelt
Zucker zum Bestreuen

Form:
1 quadratische oder rechteckige Form

1 Den Ofen auf 180 Grad vorheizen.
2 Butter, Zucker und Mehl mit den Fingern oder in der Küchenmaschine zu einem krümeligen Teig verarbeiten. Die Pistazien und den kandierten Ingwer dazugeben. Herausnehmen und den Teig von Hand 1 Minute auf einer kalten, leicht bemehlten Unterlage kneten.
3 Den Teig mit den Fingern in die Form drücken.
4 Im vorgeheizten Ofen 25–30 Minuten backen.
5 Aus dem Ofen nehmen, in Rauten oder längliche Streifen schneiden und mit Zucker bestreuen. In der Form abkühlen lassen.

Zubereitung:
15 Minuten
Backen:
50 Minuten

Schokoladen-Shortbread

Für 6–8 Personen oder etwa 20 Stück

250 g sehr kalte gesalzene Butter, klein gewürfelt
85 g Zucker
300 g Mehl
25 g Kakaopulver
Zucker zum Bestreuen

Form:
1 quadratische Form, mit Backpapier ausgekleidet

1 Den Ofen auf 150 Grad vorheizen.
2 Butter, Zucker, Mehl und Kakaopulver von Hand oder in der Küchenmaschine zu einem krümeligen Teig verarbeiten. Herausnehmen und den Teig von Hand 1 Minute auf einer kalten, leicht bemehlten Unterlage kneten.
3 Den Teig mit den Fingern in die mit Backpapier ausgekleidete Form drücken.
4 Im vorgeheizten Ofen 50 Minuten backen.
5 Aus dem Ofen nehmen, in Dreiecke schneiden und mit Zucker bestreuen. In der Form abkühlen lassen.

Zubereitung:
10 Minuten
Backen:
25–30 Minuten

Orangen-Flap-Jacks

Kleine Energiehappen mit feinem Orangenaroma – und das ganz ohne Eier und ohne Mehl.

Für etwa 12 Stück

250 g leicht gesalzene Butter
250 g Zucker
175 g Zuckerrübensirup
2 kleine unbehandelte Orangen, abgeriebene Schale und Saft
425 g Haferflocken
2 EL Sonnenblumenkerne
3 EL Orangenmarmelade

Form:
1 runde Tarteform mit gewelltem Rand, gefettet und bemehlt

1 Den Ofen auf 180 Grad vorheizen.
2 Butter, Zucker, Zuckerrübensirup und Orangenschale in einen kleinen Topf geben und bei mittlerer Temperatur erhitzen, bis die Butter geschmolzen ist.
3 Vom Herd nehmen, die Haferflocken und die Sonnenblumenkerne einrühren.
4 Den Teig in die Form füllen und im vorgeheizten Ofen 25–30 Minuten backen, bis sich der Kuchen rundum am Rand goldbraun färbt, der Teig in der Mitte aber noch weich ist.
5 Aus dem Ofen nehmen und abkühlen lassen.
6 Die Orangenmarmelade mit dem Orangensaft erhitzen und mit dem Backpinsel auf den Kuchen streichen.
7 Den Kuchen vor dem Servieren in Rauten schneiden.

Zubereitung:
10 Minuten
Ruhenlassen:
2 Stunden

Zitronenschnittchen

Für 12–16 Personen

200 g gezuckerte Kondensmilch
150 g Butter, geschmolzen
375 g Vollkornkekse, zerbröselt
100 g Kokosraspel
275 g Puderzucker
2 Zitronen, Saft

Form:
1 Auflaufform aus Silikon von 20 x 30 cm

1 Die Kondensmilch mit der flüssigen Butter verrühren. Dann die zerbröselten Vollkornkekse und die Kokosraspel hinzufügen. Alles zu einem glatten Teig verrühren.
2 Den Teig in die Form füllen und mit den Fingern festdrücken. 2 Stunden in den Kühlschrank stellen.
3 Den Puderzucker mit dem Zitronensaft glatt rühren und damit den Kuchen glasieren. Erneut in den Kühlschrank stellen und fest werden lassen.
4 Vor dem Servieren in mundgerechte Stücke schneiden.

Zubereitung:
15 Minuten
Backen:
1 Stunde
Ruhenlassen:
mindestens
1 Stunde

Cannelés

Dieses Gebäck führt einem die Grenzen der Silikonform vor Augen. Wie kann man diese knusprige, so einzigartige Konsistenz erlangen, ohne die speziellen, mit Bienenwachs eingestrichenen Kupferformen zu verwenden? Nun, mit diesem Rezept gelingt es! Eine Cannelé-süchtige Freundin hat es mir überlassen – danke, Ilse! Das Gelingen hängt allerdings auch von der Leistungsstärke Ihres Ofens ab, denn zu Beginn muss eine Temperatur von 270 Grad erreicht werden. Andernfalls werden die Cannelés sicher auch gut, aber vielleicht nicht ganz so perfekt.

Für etwa 60 Stück

500 ml frische Vollmilch
30 g Butter
2 TL natürlicher Vanilleextrakt
100 g Mehl, gesiebt (sehr wichtig!)
1 Prise Salz
225 g Puderzucker
2 Eier und 2 Eigelb zusätzlich
1 EL Rum

Form:
Cannelé-Formen aus Silikon

1 Die Milch zusammen mit der Butter und dem Vanilleextrakt zum Kochen bringen.
2 Mehl, Salz, Puderzucker, Eier und Eigelbe in einer Schüssel verrühren.
3 Die heiße Milch unter Rühren mit dem Schneebesen dazugießen und alles zu einem glatten Teig verarbeiten. Den Rum daruntermischen.
4 Den Teig mindestens 1 Stunde, besser über Nacht ruhen lassen.
5 Den Ofen auf 270 Grad vorheizen.
6 Die Cannelé-Formen aus Silikon auf Kuchengitter stellen (nicht direkt auf die Backbleche, sonst verbrennen sie!) und jeweils zur Hälfte mit Teig füllen.
7 In den 270 Grad heißen Ofen schieben und nach 5 Minuten Backzeit die Temperatur auf 180 Grad reduzieren. Dank der hohen Anfangstemperatur bekommen die Cannelés eine knusprige, karamellisierte Kruste. Etwa 1 Stunde weiterbacken.
8 Aus dem Ofen nehmen und aus den Formen lösen.

Zubereitung:
15 Minuten
Backen:
5 Minuten

Kokosmakronen

Für etwa 10 Stück

2 Eier
180 g Zucker
225 g Kokosraspel

1 Den Ofen auf 180 Grad vorheizen.
2 Die Eier mit Zucker und Kokosraspeln in eine Rührschüssel geben und mit einem Holzlöffel verrühren. Dann mit den Fingern zu einem mürben Teig kneten.
3 Den Teig in einen Spritzbeutel füllen und kleine Häufchen auf ein mit Backpapier oder Silikonmatte ausgelegtes Blech setzen.
4 Im vorgeheizten Ofen etwa 5 Minuten backen, bis sich die Makronen goldbraun färben.
5 Auf einem Kuchengitter abkühlen lassen.

Zubereitung:
15 Minuten
Backen:
15–20 Minuten

Financiers

Für etwa 12 Stück

50 g gemahlene Mandeln
125 g Zucker
50 g Mehl
4 Eiweiß
75 g leicht gesalzene Butter, geschmolzen
1 TL natürlicher Vanilleextrakt

Form:
1 Fiancier-Form aus Silikon

1 Den Ofen auf 200 Grad vorheizen.
2 Die gemahlenen Mandeln, den Zucker und das Mehl in einer Schüssel vermischen.
3 In einer zweiten Schüssel die Eiweiße steif schlagen.
4 Die flüssige Butter zusammen mit dem Vanilleextrakt zu der Mandelmischung geben und gut verrühren. Dann behutsam den Eischnee darunterheben.
5 Den Teig in die Form füllen, diese auf ein Kuchengitter in den vorgeheizten Ofen stellen und 15–20 Minuten backen, bis sich die Oberseite der Financiers leicht goldbraun färbt.
6 Aus dem Ofen nehmen und sofort aus der Form lösen.

Zubereitung:
10 Minuten
Backen:
10 Minuten
Ruhenlassen:
1 Stunde

Honig-Schokoladen-Madeleines

Für etwa 40 kleine oder 20 große Madeleines

150 g Zartbitterschokolade, zerkleinert
70 g Butter
5 Eier, getrennt
4 EL Honig
125 g Zucker
150 g Mehl

Form:
1 Madeleine-Form, wenn möglich aus Silikon, Metallformen sehr gründlich gefettet

1 Den Ofen auf 190 Grad vorheizen.
2 Die Schokolade zusammen mit der Butter in der Mikrowelle oder über dem heißen Wasserbad schmelzen, abkühlen lassen.
3 Die Eigelbe mit dem Zucker schaumig schlagen.
4 Nacheinander die Schokoladenmasse, Honig, Zucker und Mehl einrühren und nach jeder Zutat ausgiebig rühren.
5 Die Eiweiße steif, aber nicht zu steif schlagen und unter den Teig heben.
6 Den Teig mindestens 1 Stunde im Kühlschrank ruhen lassen.
7 In jede Vertiefung 1 gestrichenen bzw. bei größeren Formen 1 gehäuften Teelöffel Teig füllen.
8 Im vorgeheizten Ofen je nach Größe der Form 8–10 Minuten backen. Die Oberseite der fertigen Madeleines muss sich leicht wölben.
9 Aus dem Ofen nehmen, kurz abkühlen lassen, dann aus der Form lösen.

Zubereitung:
20 Minuten
Backen:
20 Minuten

Haferflocken-Karamell-Schnittchen

Für etwa 30 Stück

180 g Mehl
125 g Haferflocken
150 g Rohzucker
150 g leicht gesalzene kalte Butter, klein gewürfelt
150 ml frische Vollmilch
200 g weiche Karamellbonbons

Form:
1 rechteckige Auflaufform von 20 x 30 cm, gefettet

1 Den Ofen auf 180 Grad vorheizen.
2 In der Rührschüssel der Küchenmaschine Mehl, Haferflocken und Zucker vermischen.
3 Die kalte Butter dazugeben und bei hoher Stufe zu einem krümeligen Teig verarbeiten.
4 Die Hälfte des Teigs in die vorbereitete Form drücken.
5 Die Milch zusammen mit den Karamellbonbons unter Rühren zum Kochen bringen, bis sich die Bonbons aufgelöst haben.
6 Die Karamellmilch auf den Teigboden in die Form geben und den restlichen Krümelteig darauf verteilen.
7 Im vorgeheizten Ofen etwa 20 Minuten backen, bis sich die Seiten des Kuchens goldbraun färben.
8 Aus dem Ofen nehmen und auf einem Kuchengitter abkühlen lassen. Dann in Stücke schneiden und aus der Form nehmen.

Zubereitung:
15 Minuten
Ruhenlassen:
1 Stunde

Serienmord Nr. 1: Kokos-Schoko-Schnittchen

Voll verbotener, kalorienhaltiger, zahnschädigender und figurzerstörender Zutaten, sind diese Schnittchen die reinste Wonne. Halten Sie sich an die angegebene Reihenfolge: zuerst Nr. 1, dann Nr. 2 und schließlich Nr. 3 ... und dann bitte wieder von vorn!

Für etwa 30 Stück

350 g gute Zartbitterschokolade, zerkleinert
100 g weiche Butter
100 g Puderzucker
200 g gezuckerte Kondensmilch
225 g Kokosraspel

Form:
1 Silikonform von etwa 20 x 30 cm

1 Die Schokolade in der Mikrowelle oder über dem heißen Wasserbad schmelzen. In die Silikonform gießen und fest werden lassen.
2 Die Butter und den Puderzucker schaumig schlagen, die Kondensmilch und schließlich die Kokosraspel hinzufügen und alles zu einer weichen glatten Masse verrühren.
3 Die Masse auf der Schokoladenschicht verteilen, erkalten und anschließend im Kühlschrank etwa 1 Stunde vollständig fest werden lassen.
4 Aus der Form stürzen und mit der Kokosschicht nach oben – so geht's leichter – in kleine Quadrate schneiden.

Zubereitung:
20 Minuten
Backen:
2 Minuten
Ruhenlassen:
30 Minuten

Serienmord Nr. 2: Schoko-Fudge-Crunch

Für etwa 30 Stück

125 g Schokolade
125 g Rohzucker
2 EL Kakaopulver
50 g Kokosraspel
1 Ei, verklopft
275 g Vollkornkekse, zerkrümelt

Belag:
30 g Butter
40 g heller Vergeoise-Zucker
1 EL Kakaopulver
80 ml Rahm

Form:
1 runde Silikonform von 20 cm Durchmesser

1 Die Schokolade und den Rohzucker in einem großen Topf zum Schmelzen bringen, dann Kakaopulver, Kokosraspel und Ei hinzufügen und gut verrühren. Anschließend die zerkrümelten Vollkornkekse einrühren.
2 Den Teig in die Form füllen und etwa 30 Minuten im Kühlschrank erkalten lassen.
3 Für den Belag Butter und Zucker in einem Topf zum Schmelzen bringen. Sobald der Zucker geschmolzen ist, das Kakaopulver hinzufügen und den Rahm einrühren. 1–2 Minuten köcheln lassen, bis die Masse leicht eindickt.
4 Die Füllung auf den Keksboden geben und glatt streichen.
5 Den Kuchen im Kühlschrank fest werden lassen. Dann aus der Form lösen und in Quadrate schneiden.

Zubereitung:
10 Minuten

Serienmord Nr. 3: Rocky Road

Für etwa 12 Personen

100 g trockene Kekse (z.B. Butterkekse, Vollkornkekse), zerkrümelt
70 g Mini-Marshmallows
30 g getrocknete Aprikosen, gehackt
250 g gute Zartbitterschokolade

Form:
1 Silikon-Auflaufform

1 Die Kekskrümel, die Marshmallows und die Aprikosen in der Form verteilen.
2 Die Schokolade in der Mikrowelle oder über dem heißen Wasserbad schmelzen und über die Zutaten in der Form gießen.
3 Im Kühlschrank fest werden lassen.
4 Aus der Form nehmen und in Stücke brechen.

Zubereitung:
30 Minuten
Ruhenlassen:
30 Minuten

Puffreis mit Marshmallows

Für etwa 10 Personen

50 g Butter
200 g Marshmallows
125 g Rice Krispies (Puffreis)
einige Tropfen natürlicher Vanilleextrakt

Form:
1 quadratische oder rechteckige Form, etwa 2 cm tief

1 Die Butter zusammen mit den Marshmallows bei niedriger Temperatur zum Schmelzen bringen.
2 Den Topf vom Herd nehmen, den Vanilleextrakt und den Puffreis einrühren. Ausgiebig rühren, so dass eine schaumige Masse entsteht.
3 Die Masse in die Form füllen und glatt streichen; am besten geht das mit einem in kaltes Wasser getauchten Löffel (so klebt es am wenigsten).
4 Im Kühlschrank fest werden lassen.
5 In Stücke schneiden.

Zubereitung:
15 Minuten
Ruhenlassen:
1 Stunde

Marshmallow-Schnittchen mit weißer Schokolade

Auch diese süße Sünde hätte einen Platz in der Mörderserie verdient – sie ist einfach höllisch gut.

Für 10–12 Personen

100 g Butter, geschmolzen und abgekühlt
1 Packung Butterkekse, (200 g), zerkrümelt
100 g Kokosraspel
1 Dose gezuckerte Kondensmilch (160 ml)
1 Packung rosa und weiße Marshmallows (300 g)
150 g weiße Schokolade, zerkleinert

Form:
1 Kuchenblech oder 1 rechteckige Form

1 Die flüssige Butter mit Keksbröseln, Kokosraspeln und Kondensmilch vermischen und auf dem Kuchenblech oder in der Form verteilen. Im Kühlschrank fest werden lassen.
2 Die Marshmallows mit einer in kaltes Wasser getauchten Schere in kleine Stücke schneiden und diese auf dem Keksteig verteilen.
3 Die weiße Schokolade in der Mikrowelle oder über dem heißen Wasserbad schmelzen und über die Marshmallows gießen. Etwa 1 Stunde an einem kühlen Ort erkalten lassen, aber nicht im Kühlschrank, da die Schokolade sonst durch die Feuchtigkeit fleckig werden könnte.

Zubereitung:
15 Minuten

»Fifteens«

Diese kleinen Köstlichkeiten haben ihre Bezeichnung nicht etwa von einer »Sweet fifteen«, sondern ganz einfach daher, dass von den Hauptzutaten jeweils 15 Stück verwendet werden, um dieses Rezept noch einfacher zu machen.

Für 15 kleine Kugeln

15 kandierte Kirschen, halbiert
15 Vollkornkekse
15 Marshmallows, mit einer benetzten Schere klein geschnitten
250 ml gezuckerte Kondensmilch

3–4 EL Kokosraspel zum Wälzen

1 Alle Zutaten – außer den Kokosraspeln – in einer großen Schüssel vermengen.
2 Aus dem Teig kleine Kugeln formen und diese in den Kokosraspeln wälzen. Fertig!

Zubereitung:
15 Minuten
Ruhenlassen:
45 Minuten

Schlafende Bärchen

Seitdem diese Marshmallow-Bärchen im Pariser Edel-Shopping-Tempel »Colette« aufgetaucht sind, hat dieses Rezept fast schon Kultstatus erreicht.

Für etwa 12 Stück

150 g Schokolade (Zartbitter, weiße oder Vollmilch), zerkleinert
4–5 Handvoll Frühstücksflocken
etwa 12 kleine Schoko-Bären, möglichst unbeschädigt

Form:
1 rechteckige Form oder 12 Papierförmchen von 4–5 cm Durchmesser

1 Die Schokolade in der Mikrowelle oder über dem heißen Wasserbad schmelzen und mit den Flocken vermischen.
2 Mit einem Teelöffel etwas von der Masse in die Papierförmchen tropfen lassen, leicht flach drücken und mit jeweils einem Schoko-Bärchen belegen. Leicht festdrücken.
3 Die Schokoladenmasse fest werden lassen.

Tipp: Statt der Schoko-Bärchen können Sie nach Verfügbarkeit und Angebot natürlich auch andere Schokoladenformen verwenden. Wichtig ist nur, sie sollten eine flache Rückseite haben.

Zubereitung:
20 Minuten
Ruhenlassen:
2 Stunden 30 Minuten

Naomi-Riegel

Dieses Rezept stammt aus Neuseeland und besteht zur Hauptsache aus Butter und Schokolade: Butter tatsächlich in jeder Schicht!

Für 8–10 Personen

Erste Schicht:
100 g Zartbitterschokolade, zerkleinert
100 g Butter
50 g Zucker
1 Ei, verklopft
3 TL Kakaopulver
250 g Kekse (z.B. Butterkekse), zerbröselt
50 g Kokosraspel
50 g Walnüsse oder Pekannüsse, gehackt

Zweite Schicht:
50 g weiche Butter
250 g Puderzucker
3 EL Vanillepuddingpulver
3–4 EL Wasser

Dritte Schicht:
80 g Zartbitterschokolade, zerkleinert
50 g weiche Butter
50 g Puderzucker

Form:
1 Backblech oder 1 rechteckige Auflaufform

1 Für die erste Schicht die Schokolade zusammen mit Butter und Zucker in der Mikrowelle oder über dem heißen Wasserbad schmelzen.
2 Das verklopfte Ei hinzufügen und langsam erhitzen, ohne die Masse zum Kochen zu bringen. Vom Herd nehmen und die restlichen Zutaten der ersten Schicht einrühren.
3 Die Masse auf dem Blech oder in der Auflaufform 1 Zentimeter dick aufstreichen.
4 Etwa 1 Stunde im Kühlschrank erkalten lassen.
5 Die Zutaten der zweiten Schicht zu einer glatten Masse verrühren. Die Masse auf der ersten, erkalteten Schicht verstreichen und weitere 30 Minuten kalt stellen.
6 Für die dritte Schicht die Schokolade zusammen mit der Butter in der Mikrowelle oder über dem heißen Wasserbad schmelzen, dann den Puderzucker einrühren.
7 Die Masse auf der zweiten, erkalteten Schicht verteilen und wiederum etwa 1 Stunde in den Kühlschrank stellen. In Stücke aufschneiden und genießen.

Zubereitung:
30 Minuten
Ruhenlassen:
30 Minuten

Marshmallow-Hütchen

Es gibt wieder blaue Smarties! Das ist Ihnen sicher nicht entgangen ... Nach mehr als zweijähriger Abwesenheit hat man offensichtlich herausgefunden, wie man auf natürlicher Basis blauen Farbstoff herstellen kann.

Für etwa 20 Stück

300 g Zartbitter- oder Vollmilchschokolade, zerkleinert
1 Packung Marshmallows
1 Packung Smarties

Form:
etwa 20 kleine Papierförmchen

1 Die Schokolade in der Mikrowelle oder über dem heißen Wasserbad schmelzen.
2 In jedes Papierförmchen 1 Teelöffel flüssige Schokolade geben und je 1 Marshmallow hineinsetzen, so dass diese etwa bis zur halben Höhe in der Schokolade stehen.
3 Auf jedes Marshmallow einen kleinen Tupfer flüssige Schokolade geben und ein Smartie daraufsetzen.
4 Etwa 30 Minuten fest werden lassen.

Zubereitung:
15 Minuten
Backen:
25 Minuten

Kokos-Kirsch-Schnittchen auf Schokolade

Für etwa 30 Stück

450 g Zartbitterschokolade, zerkleinert
180 g kandierte Kirschen, halbiert
4 Eier
180 g Rohzucker
225 g Kokosraspel

Form:
1 rechteckige Silikonform von 20 x 30 cm

1 Die Schokolade in der Mikrowelle oder über dem heißen Wasserbad schmelzen. In die Form gießen und leicht abkühlen lassen.
2 Den Ofen auf 180 Grad vorheizen.
3 Die halbierten Kirschen auf der noch weichen Schokoladenmasse verteilen und diese fest werden lassen.
4 Die Eier in einer Schüssel schaumig schlagen. Zucker und Kokosraspel hinzufügen und alles gut verrühren. Den Teig auf der Schokoladen-Kirsch-Schicht verteilen.
5 Im vorgeheizten Ofen etwa 25 Minuten backen, bis die Teigschicht sich goldbraun färbt.
6 Aus dem Ofen nehmen und in der Form abkühlen lassen. Anschließend im Kühlschrank vollständig erkalten lassen.
7 Zum Servieren in Schnittchen passender Größe schneiden.

Zubereitung:
15 Minuten
Backen:
25 Minuten

Blaubeer-Muffins mit Zitrone und Mohn

Diese Kombination ist so köstlich, dass sie nach Wiederholung ruft!

Für 8 Muffins oder 16 Mini-Muffins

150 g Mehl
1 TL Backpulver
150 g Rohzucker
25 g Mohn
125 ml Sonnenblumenöl
1 unbehandelte Zitrone, abgeriebene Schale und Saft
2 Eier, verklopft

Glasur und Dekoration:
einige EL Puderzucker
1 Zitrone, Saft
frische große Blaubeeren, in Zucker gerollt

Form:
1 Muffinblech mit 8 oder 16 Mulden und entsprechende Papierbackförmchen

1 Den Ofen auf 190 Grad vorheizen.
2 Die Papierbackförmchen in die Muffinform setzen.
3 Mehl, Backpulver, Zucker und Mohn in einer Schüssel vermischen. In der Mitte eine Mulde formen und Öl, Zitronensaft und -schale sowie die Eier hineingeben. Mit einem Holzlöffel behutsam zu einem geschmeidigen, glatten Teig rühren.
4 Die Förmchen zur Hälfte mit Teig füllen. Im vorgeheizten Ofen backen, kleine Muffins 20 Minuten, große 25 Minuten.
5 Aus dem Ofen nehmen und auf einem Kuchengitter erkalten lassen.
6 Wenn die Muffins vollständig erkaltet sind, Puderzucker und Zitronensaft verrühren und die Muffins damit glasieren. Jeden Muffin mit einer Blaubeere krönen.

Zubereitung:
10 Minuten
Backen:
jeweils 10 Minuten

Madeleines

Für etwa 24 Stück

3 Eier
150 g Zucker
80 g gesalzene Butter, geschmolzen
1 unbehandelte Orange, abgeriebene Schale
150 g Mehl
1/2 TL Backpulver

Form:
1 Madeleine-Backform aus Silikon (die Verwendung einer Metallform ist ziemlich nervenaufreibend, die Form ist dann nach jeder Ladung gründlich zu reinigen und jeweils neu zu fetten)

1 Die Eier und den Zucker schaumig schlagen. Die geschmolzene Butter, Orangenschale, Mehl und Backpulver dazugeben und gut verrühren.
2 Das Madeleineblech auf ein Backblech stellen. Die Vertiefungen zu zwei Dritteln mit Teig füllen. Im vorgeheizten Ofen etwa 10 Minuten backen.
3 Mit dem restlichen Teig so weiterfahren, bis er aufgebraucht ist. Die Madeleines am besten noch warm genießen.

Zubereitung:
20 Minuten
Backen:
6–8 Minuten

Hauchdünne Galettes

Ein himmlischer Genuss. Perfekte Sommerbegleiter sind rote Beeren oder ein Fruchtsorbet.

Für 6–8 Stück

300 g Mehl
1/2 TL Salz
50 g Sesamkörner
1 EL Anissamen
1 TL Backpulver
125 ml Olivenöl
60 ml Eiswasser

2 Eiweiß
3 EL Zucker

1 Den Ofen auf 200 Grad vorheizen.
2 Mehl, Salz, Sesamkörner, Anissamen und Backpulver in der Rührschüssel der Küchenmaschine vermischen. Dann unter Rühren das Olivenöl und das Eiswasser hinzufügen und alles zu einem glatten Teig verarbeiten.
3 Zwei Blätter Backpapier bereitlegen.
4 Jeweils 1 gehäuften Esslöffel Teig auf die erste Lage Backpapier setzen. Das zweite Blatt Backpapier darüberlegen und den Teig mit dem Teigroller ganz dünn und flach drücken.
5 Das obere Backpapier abnehmen.
6 Die Eiweiße zu leichtem Schnee schlagen.
7 Mit einem Backpinsel die Teigfladen mit dem Eischnee bestreichen und anschließend mit Zucker bestreuen.
8 Das Backpapier mit den Galettes auf ein Backblech ziehen. Im vorgeheizten Ofen 6–8 Minuten backen, bis sie sich goldbraun färben.
9 Mit dem restlichen Teig ebenso verfahren. Wenn Sie zwei Bleche gleichzeitig im Ofen haben, tauschen Sie, um ein geleichmäßiges Resultat zu erhalten, nach der halben Backzeit deren Position.
10 Die Galettes bis zum Servieren auf dem Backpapier lassen. Da sie sehr schnell Feuchtigkeit aufnehmen und dann weich werden, nach dem Abkühlen am besten luftdicht verpackt aufbewahren.

Tartes à gogo

Mit Obst, Schokolade und sogar mit Karamell

Drei Teige

Diese drei unterschiedlichen Teige sind – im wahrsten Sinne des Wortes – die Grundlage für jede gelungene Tarte.
Ich habe für meine eigenen Zwecke drei einfache und praktische Rezepte ausgesucht: Mürbteig, Sandteig und süßen Mürbteig. Alle drei bereite ich meist unkompliziert und schnell in der Küchenmaschine zu. Aber wenn Sie die Technik beherrschen, sind die Teige natürlich am besten von Hand geknetet. Es ist zudem unglaublich entspannend und angenehm, weiches Mehl und kalte Butter zwischen den Fingern zu spüren. Heben Sie beim Mischen und Kneten immer wieder die Hände, so dass das Mehl in die Schüssel hinunterrieselt; dadurch wird viel Luft in den Teig eingearbeitet und er wird schön locker. Auch Sandteig kann man sehr gut ohne Küchenmaschine herstellen.

Wenn Ihnen der Sinn nach etwas Abwechslung steht, ersetzen Sie einen Teil des Mehls durch gemahlene Mandeln oder Haselnüsse. Oder rösten Sie Mandeln und Nüsse und zerkleinern Sie sie anschließend im Blitzhacker – so bekommt Ihr Gebäck mehr Aroma und eine kernige Konsistenz. Auch nicht-raffinierte Zuckersorten verleihen dem Teig mehr Charakter. Vanille und andere Gewürze, abgeriebene Schale von Zitrusfrüchten und natürlich Kakaopulver bieten eine breite Palette von weiteren Variationsmöglichkeiten. Manchmal machen schon eine Prise Salz, zusätzlich aromatisiert oder nicht, oder eine Messerspitze Pfeffer einen kleinen, aber feinen Unterschied und lassen den Teigboden Ihrer Tarte von der bloßen Unterlage zu einem Genuss für sich werden.

Auf den nächsten Seiten erfahren Sie, was Sie tun müssen (und was Sie besser bleiben lassen), um Ihren Tartes einen himmlischen Boden zu geben.

Mürbteig

200 g Mehl
100 g sehr kalte Butter
2 EL Eiswasser oder 1 Eigelb

1 Das Mehl in die Rührschüssel der Küchenmaschine sieben.
2 Die Butter in kleine Würfel schneiden, hinzufügen und unter Rühren zu einem krümeligen Teig verarbeiten.
3 Das Eiswasser oder das Eigelb in die Mitte der Schüssel geben und weiterrühren, bis sich ein zusammenhängender Teigkloß gebildet hat.
4 Dann die Küchenmaschine sofort ausschalten und den Teig von Hand durchkneten. Sobald ein schöner, glatter Teig entstanden ist, diesen in Frischhaltefolie wickeln und etwa 1 Stunde im Kühlschrank ruhen lassen.

Sandteig

75 g Puderzucker
2 Eigelb
125 g kalte, geschmeidige, aber nicht weiche Butter
200 g Mehl

1 Den Puderzucker, die Eigelbe und die Butter in die Rührschüssel der Küchenmaschine geben.
2 Unter Rühren zu einem glatten Teig verarbeiten.
3 Das Mehl dazusieben und unter Rühren einarbeiten, bis ein zusammenhängender Teigkloß entstanden ist.
4 Die Küchenmaschine ausschalten und den Teig von Hand durchkneten. In Frischhaltefolie wickeln und etwa 1 Stunde im Kühlschrank ruhen lassen.

Süßer Mürbteig

200 g Mehl
1½ EL Puderzucker
100 g sehr kalte Butter
2 Eigelb

1 Das Mehl und den Puderzucker in die Rührschüssel der Küchenmaschine sieben.
2 Die Butter in kleine Würfel schneiden, hinzufügen und unter Rühren zu einem krümeligen Teig verarbeiten.
3 Die Eigelbe in die Mitte der Schüssel geben und weiterrühren, bis sich ein zusammenhängender Teigkloß gebildet hat.
4 Dann die Küchenmaschine sofort ausschalten und den Teig von Hand durchkneten. Sobald ein schöner, glatter Teig entstanden ist, diesen in Frischhaltefolie wickeln und etwa 1 Stunde im Kühlschrank ruhen lassen.

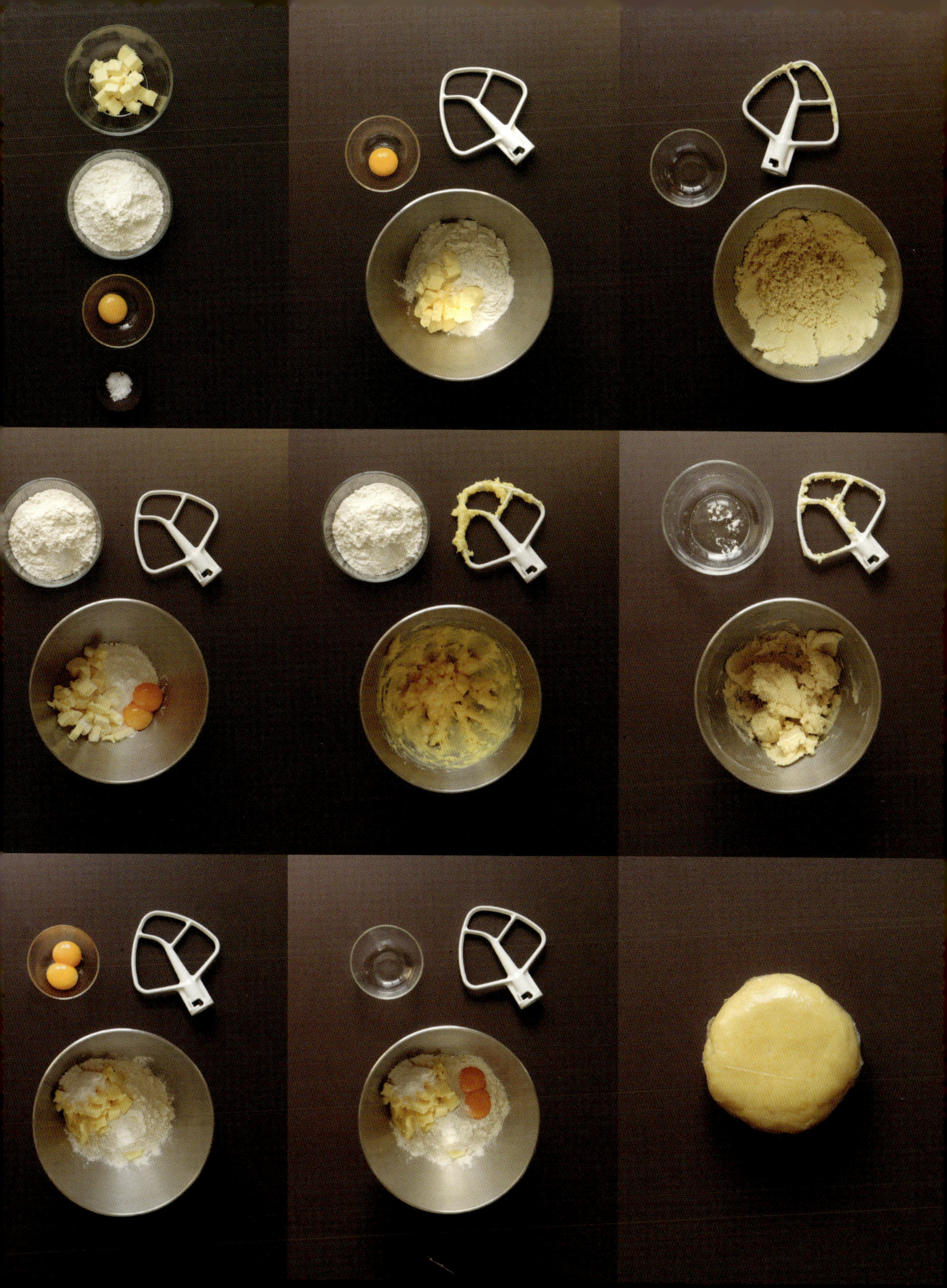

Blindbacken

Auch wenn es viele hübsche Porzellanformen gibt, bevorzuge ich für meine Tartes einfache Metallformen mit herausnehmbarem Boden (Hebeboden), weil ich finde, dass die Tartes darin knuspriger werden, schneller und gleichmäßiger garen. Aber das muss jeder und jede für sich selbst entscheiden ...

1 Den Ofen auf 190 Grad vorheizen.
2 Wenn ich rechtzeitig daran denke, heize ich ein Backblech mit vor und stelle die Tarteform dann auf das heiße Blech. Der Teigboden bäckt so schneller. Außerdem lässt sich die Form einfacher in den Ofen schieben und herausholen.
3 Den Teigboden mit einem Stück Backpapier abdecken und darauf Blindbackperlen, Reis oder getrocknete Hülsenfrüchte verteilen. Dabei geht es darum, den Teigboden zu beschweren, so dass er sich weder hebt noch wellt oder Beulen bildet.
4 Den Teig im vorgeheizten Ofen nach Rezeptangabe fast fertig backen, aus dem Ofen nehmen und das Backpapier mitsamt den Gewichten entfernen.
5 Dann die Form nochmals für einige Minuten in den Ofen schieben, so dass der Teig bräunt. Herausnehmen und vollständig abkühlen lassen.

Die Backzeit richtet sich nach dem Rezept. Manchmal ist ein dunkel gebräunter Teig gefragt, manchmal ein hellerer.

Der fertig gebackene, vollständig abgekühlte Teigboden kann nun nach Belieben gefüllt werden: am einfachsten mit Rahm, den man mit etwas Mascarpone aufschlägt. Auch eine Schicht aus gedämpften Äpfeln oder Birnen ist köstlich. Am besten eignet sich dafür weiches Obst, zum Beispiel Birnen, Nektarinen, Pfirsiche, Bananen, Mangos, Kiwis, Ananas ...

Obsttartes

Auf den nächsten Seiten schlage ich Ihnen zwei himmlische »Unterlagen« für gelungene Obsttartes vor. Die erste ist eine klassische Buttercreme (sie lässt sich auch ganz einfach durch Schlagrahm ersetzen); der blindgebackene, vollständig abgekühlte Teigboden wird damit bestrichen und anschließend mit frischem Obst belegt. Die zweite ist eine supereinfache Mandelmasse, die zusammen mit dem Teig und dem Obstbelag gebacken wird (siehe folgende Seite).

Wenn Ihnen Teig und Belag der in diesem Kapitel vorgestellten Obsttartes erst einmal leicht von der Hand gehen, werden Sie selbst problemlos neue Kreationen schaffen.

Buttercreme

Buttercreme ist der klassische, reichhaltige und bei vielen beliebte Belag für Obsttartes. Hier ein Rezept, das Ihre Tarte garantiert unwiderstehlich macht.

250 g Zucker
6 Eigelb
100 g Mehl
1 l frische Vollmilch
1 Vanilleschote, längs halbiert

1 In einer großen Schüssel den Zucker und die Eigelbe schaumig schlagen, bis die Masse weiß ist und ihr Volumen sich verdoppelt hat.
2 Das Mehl dazusieben und mit dem Schneebesen darunterrühren.
3 Die Milch mit der Vanilleschote zum Kochen bringen und unter kräftigem Schlagen mit dem Schneebesen unter die Eimasse rühren.
4 Die Creme zurück in den Topf gießen und unter ständigem Rühren bei mittlerer Hitze 3–4 Minuten aufkochen, bis eine deutlich eingedickte glatte Masse entstanden ist. Ich lasse die Vanilleschote bis zuletzt darin, damit sie so viel Aroma wie möglich abgibt. Sie können sie aber auch herausnehmen und das Mark auskratzen.
5 Die Creme vom Herd nehmen, in eine kalte Schüssel füllen und mit Frischhaltefolie bedecken; dabei die Folie direkt auf die Oberfläche der Creme legen, damit sich keine Haut bildet. Vollständig abkühlen lassen.

Tipp: Für eine luftigere Version: Zusätzlich 2 Eiweiß steif schlagen und in Schritt 5 unter die Creme heben.

Mandelcreme

Für eine Tarte mit festerem Obst wie Äpfeln, Zwetschgen, Pflaumen oder Kirschen eignet sich gut eine Mandelcreme als Unterlage, denn sie nimmt den austretenden Obstsaft auf und verleiht der Tarte feine Süße.
Dies ist das einfachste Rezept, das ich gefunden habe. Es werden dabei gleiche Mengen gemahlener Mandeln, Zucker und Butter verwendet.

Für eine Tarte von 22 cm Durchmesser

50 g Zucker
50 g weiche Butter
50 g gemahlene Mandeln
2 Eigelb nach Belieben

1 Die drei Zutaten gut vermischen.
2 Die Masse auf dem Teigboden verstreichen. Dann das Obst darauf verteilen und ab in den Ofen.
3 Für eine gehaltvollere Creme, rührt man noch 2 Eigelb darunter.

Zubereitung:
15 Minuten
Backen:
30 Minuten

Karamellisierte Tarte Tatin

Für 6 Personen

4–5 Boskoop-Äpfel
100 g Zucker
50 g gesalzene Butter
1 fertig gekaufter ausgerollter Blätterteigboden

Form:
1 Kuchenblech von 24 cm Durchmesser oder 1 hitzebeständige, ofenfeste Pfanne

1 Die Äpfel schälen und in Spalten schneiden.
2 Den Ofen auf 180 Grad vorheizen.
3 Den Zucker mit einigen Tropfen Wasser in der Form oder der Pfanne karamellisieren lassen. Vom Herd nehmen, die Butter dazugeben und die Form schwenken, bis sich Butter und Karamell vermischt haben. Darauf die Apfelspalten verteilen und bei sehr niedriger Hitze 5 Minuten garen. Dann die Apfelspalten kreisförmig schön verteilen und abkühlen lassen.
4 Den ausgerollten Teig über die Äpfel legen und am Rand zwischen Äpfel und Formenrand schieben (so wie man eine Bettdecke einschlägt).
5 Im vorgeheizten Ofen 25–30 Minuten backen, bis sich der Teig goldbraun färbt.
6 Aus dem Ofen nehmen und einige Minuten abkühlen, dann aus der Form stürzen.

Tipp: Machen Sie sich keine Sorgen, wenn einige Apfelspalten in der Form kleben bleiben. Setzen Sie diese einfach an der richtigen Stelle zurück auf die Tarte, und kratzen Sie dabei auch zurückgebliebene Karamellmasse aus der Form.

Zubereitung (ohne Blindbacken):
20 Minuten

Nektarinen-Frischkäse-Tarte mit Karamell

Für 6–8 Personen

1 Portion Sandteig, fertig gekauft oder selbst gemacht (Rezept Seite 182)
200 g Frischkäse
3 EL Rahm
2 EL Puderzucker
2 reife, aber noch feste Nektarinen oder Pfirsiche, entsteint

Karamellsauce:
100 g Zucker
2 EL Wasser
50 g leicht gesalzene Butter
3 EL Rahm

Form:
1 Tarteform, wenn möglich mit herausnehmbarem Boden

1 Die Form mit dem Teig auslegen und den Teigboden bei 190 Grad 15–20 Minuten blindbacken (siehe Seite 184). Vollständig abkühlen lassen.

2 Für die Karamellsauce den Zucker mit dem Wasser in einen kleinen Topf geben und karamellisieren lassen. Sobald sich der Karamell goldbraun färbt, Butter und Rahm einrühren und 2–3 Minuten weiter rühren, bis eine weiche Masse entstanden ist. Vollständig abkühlen lassen.

3 Für den Belag der Tarte den Frischkäse mit Rahm und Puderzucker verrühren und auf dem Teig verteilen.

4 Die Nektarinen in schmale Spalten schneiden und nach Belieben auf der Frischkäsecreme arrangieren.

5 Kurz vor dem Servieren die Karamellsauce dekorativ über die Tarte träufeln.

Zubereitung:
15 Minuten
Backen:
25 Minuten
Ruhenlassen:
1 Stunde

Ultraschnelle Tarte mit Rand

Der Vorteil dieser Tarte: Sie ist im Nu zubereitet (besonders wenn Sie bereits Teig auf Vorrat haben oder einen fertig gekauften verwenden) und damit ideal, um Überraschungsgäste zu verwöhnen. Die Äpfel kommen aus dem Garten, und der Teig wird ganz einfach rundum über die Füllung geklappt. Kein Bedarf also, erst eine Form damit auszulegen. Die offene Oberfläche wird leicht knusprig, während die unter dem Teigrand verborgenen Früchte schön weich und saftig sind. Ein Gedicht!

Für 6–8 Personen

Teig:
250 g Mehl
150 g kalte, gesalzene Butter, klein gewürfelt
4 Eigelb
100 g Puderzucker
1 Prise Backpulver

Belag:
4–5 Boskoop-Äpfel, geschält, in schmale Spalten geschnitten
nach Belieben einige Himbeeren oder andere Beeren
2 EL Zucker
75 g gesalzene Butter, in kleine Würfel geschnitten
1 Ei, mit 2 EL Milch verklopft

1 Alle Zutaten für den Teig in der Rührschüssel der Küchenmaschine zu einem krümeligen Teig verarbeiten. Dann von Hand rasch zu einem zusammenhängenden Teigkloß kneten. In Frischhaltefolie gewickelt etwa 1 Stunde im Kühlschrank ruhen lassen.
2 Den Ofen auf 180 Grad vorheizen.
3 Den Teig auf einem Backpapier zu einem großen Kreis ausrollen und diesen auf das Backblech ziehen.
4 Die Apfelspalten und Beeren, falls verwendet, in die Mitte des Teigkreises geben und den Teigrand rundherum darüberschlagen, so dass ein Teil der Früchte unter dem umgeschlagenen Teigrand zu liegen kommt.
5 Den Zucker und die Butterwürfel auf den Äpfeln verteilen.
6 Den Teigrand mit der Ei-Milch-Mischung bestreichen – so bräunt er schön.
7 Im vorgeheizten Ofen etwa 25 Minuten backen, bis der Teigrand goldbraun ist und die Äpfel gar und leicht karamellisiert sind.
8 Warm oder ausgekühlt servieren.

Zubereitung:
10 Minuten
Backen:
15 Minuten

Kleine Kirsch-Tartes

Für 4 Personen

1 Platte fertig gekaufter Blätterteig, geviertelt
Mandelcreme (siehe Seite 188)
4 EL Pinienkerne
250–300 g reife Kirschen mit Stiel

1 Den Ofen auf 180 Grad vorheizen.
2 Die Mandelcreme auf den Teigplatten verstreichen; dabei rundum einen Rand frei lassen.
3 Die Kirschen mit dem Stiel nach oben auf die Creme setzen und die Pinienkerne rundherum verteilen.
4 Im vorgeheizten Ofen etwa 15 Minuten backen, bis sich die Teigränder goldbraun färben und die Kirschen etwas Saft lassen.
5 Aus dem Ofen nehmen und heiß bis lauwarm servieren.

Zubereitung:
15 Minuten
Backzeit:
(ohne Blindbacken):
30 Minuten

Passionsfrucht-Tarte

Für etwa 12 Personen

1 Portion Sandteig (siehe Rezept Seite 182)
180 ml ausgelöstes Fruchtmark von 8–9 Passionsfrüchten
200 g Zucker
5 Eier
200 ml Rahm

Form:
1 Form von etwa 22 cm Durchmesser oder 2–3 kleinere Formen

1 Eine große oder mehrere kleine Formen mit dem Sandteig auslegen. Den Teigboden bei 190 Grad 15–20 Minuten blindbacken und auskühlen lassen (siehe Seite 184).
2 Die Ofentemperatur auf 180 Grad reduzieren.
3 Das Passionsfruchtmark und den Zucker in einer kleinen Schüssel verrühren.
4 In einer zweiten Schüssel die Eier mit dem Schneebesen aufschlagen und dann den Rahm einrühren.
5 Die Ei-Rahm-Mischung mit dem Schneebesen unter das Passionsfruchtmark rühren und anschließend durch ein feines Sieb streichen.
6 Den fertig gebackenen Tarteboden auf ein Blech setzen. Die Passionsfruchtmischung darauf verteilen. Im vorgeheizten Ofen etwa 30 Minuten backen (bei mehreren kleineren Formen kürzer).
7 Mit Fingerdruck in der Mitte der Füllung prüfen, ob diese gar ist. Ist die Füllung noch nicht fest, noch einige Minuten weiterbacken.
8 Aus dem Ofen nehmen und abkühlen lassen. Nach Belieben mit Schlagrahm garnieren.

Zubereitung:
5 Minuten
Backen:
35 Minuten

Zitronentarte

Für 8 Personen

1 Portion Sandteig (siehe Rezept Seite 182)
5 Eier, verklopft
150 g Zucker
150 ml Rahm
3 unbehandelte Zitronen, abgeriebene Schale und Saft

Form:
1 Tarteform von etwa 22 cm Durchmesser, wenn möglich mit herausnehmbarem Boden

1 Die Form mit dem Sandteig auslegen. Den Teigboden bei 190 Grad 15–20 Minuten blindbacken und auskühlen lassen (siehe Seite 184).
2 Die Ofentemperatur auf 200 Grad erhöhen.
3 Eier, Zucker, Rahm, Zitronenschale und -saft in der Rührschüssel der Küchenmaschine 1–2 Minuten zu einer glatten Masse verarbeiten.
4 Die Masse auf dem fertig gebackenen Tarteboden verteilen und im vorgeheizten Ofen 30–35 Minuten backen, bis sie gerade fest ist.
5 Aus dem Ofen nehmen und auf einem Kuchengitter vollständig abkühlen lassen. Dann servieren.

Zubereitung:
15 Minuten
Backen:
10 Minuten

Feigentarte mit Tabaksirup

In den 1990ern stand dieses raffinierte Dessert auf der Speisekarte des Restaurants »Lindsay House«. Der gefürchtete britische Restaurantkritiker A. A. Gill gab dem Küchenchef dafür die Bestnote – eine Auszeichnung, die bei ihm beileibe nicht an der Tagesordnung war. Und ganz London, wenn nicht ganz England, brannte darauf, das Restaurant kennen zu lernen. Das Rezept ist heute so aktuell wie damals und überzeugt durch das spezielle rauchige Aroma. Wenn Sie nicht-aromatisierten Tabak wählen, können Sie zur Abrundung etwas Vanille hinzufügen. Insbesondere wenn es den Feigen etwas an Charakter mangelt.

Für 6 kleine Tartes

1 Platte fertig gekaufter Blätterteig,
in 6 Rechtecke von ca. 10 × 15 cm geschnitten
8 reife, aber noch feste Feigen
50 g leicht gesalzene Butter, geschmolzen

Mandelcreme:
80 g leicht gesalzene Butter
30 g gemahlene Mandeln
50 g Zucker

Sirup:
180 g Zucker
150 ml Wasser
2 EL Pfeifentabak

1 Für den Sirup den Zucker im Wasser auflösen und zum Kochen bringen. Vom Herd nehmen, den Tabak beifügen und etwa 15 Sekunden darin ziehen lassen. Den Zuckersirup durch ein Sieb abgießen.
2 Für die Mandelcreme die Butter mit den gemahlenen Mandeln und dem Zucker verrühren.
3 Die Creme dünn auf die Teigplatten streichen; dabei rundum einen 2 cm breiten Rand frei lassen.
4 Die Feigen in Scheiben schneiden, auf die Creme setzen und mit etwas flüssiger Butter bestreichen.
5 Die Tartes im vorgeheizten Ofen etwa 10 Minuten backen, bis sich die Teigränder goldbraun färben.
6 Abkühlen lassen und mit dem Tabaksirup servieren.

Zubereitung:
10 Minuten
Backen:
50 Minuten

Crumble – Streuselauflauf

Verwenden Sie für diesen Auflauf vorzugsweise säuerliches Obst wie rote Äpfel, Zwetschgen, Rhabarber oder Aprikosen. Nach Belieben können Sie auch Trockenobst (Rosinen, Backpflaumen usw.) sowie Mandeln und Nüsse hinzufügen. Bei der Streuselmasse können Sie 50 g Mehl durch 50 g Haferflocken oder Vollkornmehl ersetzen. Wer mag, variiert die Streuselmasse mit Gewürzen wie Ingwerpulver, Zimt oder Muskat.

Für 6 Personen

5–6 Boskoop-Äpfel
1 unbehandelte Orange, abgeriebene Schale und Saft
1 EL Rohzucker

Streusel:
225 g Mehl
100 g Zucker
175 g kalte gesalzene Butter, gewürfelt

Form:
1 Auflaufform, gefettet

1 Den Ofen auf 200 Grad vorheizen.
2 Die Äpfel in Spalten schneiden und mit Orangensaft und Orangenschale vermengen.
3 Die Äpfel in die Auflaufform geben und mit dem Rohzucker bestreuen.
4 Für die Streusel das Mehl mit Zucker und Butter in eine Schüssel geben und mit den Fingern zu einer krümeligen Masse verarbeiten. Das geht auch mit der Küchenmaschine.
5 Das Obst mit der Streuselmasse bestreuen, diese leicht andrücken und im vorgeheizten Ofen 50 Minuten backen.

Zubereitung:
10 Minuten
Backen:
25 Minuten

Beerentarte

Statt ganz in Blau können Sie für diese Tarte auch Blaubeeren mit Himbeeren mischen. Für den Teigrand wurde ein niedlicher Ausstecher in Handform verwendet.

Für 8–10 Personen

1 Portion selbst gemachter Sandteig (Rezept Seite 182) oder fertig gekaufter
300 g reife Blaubeeren, Brombeeren oder andere Beeren, verlesen, gewaschen
2–3 EL Zucker
etwas Milch
1 Ei, mit wenig Milch verklopft

Form:
1 Tarteform von etwa 22 cm Durchmesser

1 Die Tarteform mit dem Teig auskleiden. Einen kleinen Rest Teig beiseite legen.
2 Die Beeren auf dem Teigboden verteilen. Mit dem Zucker bestreuen.
3 Aus dem Teigrest mit einem Ausstecher kleine dekorative Formen ausstechen und mit etwas Milch betupft rundum an den Teigrand kleben. Die Verzierung mit der Ei-Milch-Mischung bestreichen.
4 Die Tarte im vorgeheizten Ofen etwa 25 Minuten backen, bis der Teig goldbraun ist und die Früchte Saft gelassen haben.
5 Die Tarte aus dem Ofen nehmen und heiß, lauwarm oder kalt mit Vanilleeis servieren.

My Sweet World

Kleiner Streifzug durch Süßigkeiten aus aller Welt

♥

Süßes aus aller Welt

Manchmal ist der Unterschied zwischen einem Kuchen, den man woanders gegessen hat, und dem selbstgebackenen kaum zu schmecken, aber dennoch vorhanden – vielleicht ein kleines bisschen mehr Aroma, eine Prise Zucker weniger, eine Konsistenz, die man einfach nicht ganz hinbekommt ...

Und das ist auch gut so! Denn ein echter »New York Cheesecake«, ein »Soda Bread« aus Galway oder eine »Navette« aus Marseille soll auch nicht beliebig reproduzierbar sein. Sonst hätte man ja gar keinen Grund mehr, dorthin zu reisen ...

Ganz ausgefallene Produkte erspare ich Ihnen, aber für einige Rezepte benötigt man einfach spezielle Zutaten. Vieles davon werden Sie im Reformhaus, Feinkost- oder Spezialitätenladen finden oder über Internet bestellen können (siehe z.B. www.british-shop.de, www.bright-britain.de, www.english-shop.de und www.gourmondo.de) – bis Sie das nächste Mal auf Reisen sind und auf die Gefahr hin, Übergepäck zu riskieren, einen Koffer voll Zucker, Kekse und Mehl nach Hause zurückbringen.

McCormick
Cream of Tartar
ROYAL
BAKING POWDER
BLACK TREACLE
ABRAM LYLE & SONS
SUGAR REFINERS
454g e
BORWICK'S
Bicarbonate of Soda
SPECIAL EDITION • ANNIVERSARY TIN
1883 • 2008
454g e
NABISCO
Nabisco Grahams
Original
No Cholesterol
Low in Saturated Fat
Goodness of Whole Grain (6g per serving)
Great Recipe on Back!
NET WT 14.4 OZ (408g)
McVitie's
Digestives
The Original

Zubereitung:
5 Minuten
Ruhenlassen:
30 Minuten
Ausbacken:
15 Minuten

Crêpes dentelle – Feine Crêperöllchen aus der Bretagne

Hauchdünn oder herzhaft-dick – wie hätten Sie Ihre Crêpe gerne? Das ist sicher auch eine Frage des persönlichen Geschmacks und des Zeitpunkts. Die dicke amerikanische Version ist genau die richtige Wahl für ein spätes Frühstück am Wochenende; die hauchdünne französische Variante ist perfekt zum Tee oder Kaffee. Eine goldene Regel: Den Teig nicht zu stark rühren; er wird nur gerade glatt gerührt – das reicht schon. Sonst bekommt er eine gummiartige Konsistenz. Auch wenn der Nutzen letztlich nicht genau erwiesen ist, lasse ich den Crêpeteig immer ausgiebig ruhen, insbesondere wenn Backpulver im Spiel ist.

Für etwa 12 Crêpes

250 g Mehl
30 g Zucker
3 Eier, verklopft
500 ml frische Vollmilch
50 g leicht gesalzene Butter, geschmolzen
Butter zum Ausbacken

1 Das Mehl in eine Schüssel sieben, den Zucker dazugeben.
2 In der Mitte eine Mulde formen und die Eier mit etwas Milch hineingeben. Mit einem Schneebesen verrühren, dabei sukzessive auch das Mehl von den Seiten einrühren. Nach und nach die restliche Milch und die Butter einrühren.
3 Sobald sich alle Zutaten zu einer glatten Masse verbunden haben, nicht mehr weiter rühren. Den Teig etwa 30 Minuten ruhen lassen.
4 Wenig Butter in einer Pfanne erhitzen und den Teig nach und nach zu Crêpes ausbacken. Wenden, sobald sich an der Oberseite kleine Blasen bilden (nach knapp 1 Minute).
5 Die fertigen Crêpes rollen oder flach aufschichten.
6 Mit Butter, Zitrone, Zucker, Marmelade, Schokolade ... oder anderen Zutaten nach Belieben genießen.

Zubereitung:
5 Minuten
Ausbacken:
10 Minuten

Schottische Pancakes

Dies ist ein Cousin des amerikanischen Pfannkuchens, aber dicker und süßer als dieser. Lässt man den Zucker weg, kann man sie auch mit schottischem Räucherlachs servieren.

Für etwa 6 Pfannkuchen

120 g Mehl
1 EL Rohzucker
1 TL Backpulver
1 Ei, verklopft
150 ml frische Vollmilch
Butter zum Ausbacken

1 Mehl, Rohzucker und Backpulver in eine Schüssel geben.
2 In der Mitte eine Mulde formen und die Eier zusammen mit etwas Milch hineingeben. Mit einem Schneebesen verrühren, dabei sukzessive auch das Mehl von den Seiten einrühren. Nach und nach die restliche Milch darunterarbeiten.
3 Butter in einer Pfanne zergehen lassen und darin den Teig portionenweise zu kleinen Pfannkuchen von 6–7 Zentimeter Durchmesser ausbacken.
4 Sobald sich an der Oberseite kleine Blasen bilden (nach knapp 1 Minute), die Pfannkuchen wenden und von der anderen Seite ausbacken.

Zubereitung:
5 Minuten
Ruhenlassen:
30 Minuten
Ausbacken:
10–15 Minuten

Amerikanische Pancakes

Für etwa 12 Stück

225 g Mehl
1 Päckchen Backpulver
1 EL Zucker
3 Eier, verklopft
300 ml frische Vollmilch
50 g leicht gesalzene Butter, geschmolzen
Butter zum Ausbacken

1 Das Mehl mit dem Backpulver in eine große Schüssel sieben, den Zucker dazugeben und in der Mitte eine Mulde formen.
2 Unter Rühren Eier, Milch und die flüssige Butter hinzufügen und alles rasch zu einem glatten Teig verarbeiten.
3 Den Teig 30 Minuten ruhen lassen.
4 In einer Pfanne etwas Butter zergehen lassen. Den Teig in einen Krug füllen oder mit einer Schöpfkelle jeweils kleine Teigportionen in die Pfanne geben und ausbacken. (Für die rechts abgebildete Blaubeer-Variante in diesem Schritt einige Blaubeeren auf dem noch flüssigen Teig verteilen.)
5 Sobald kleine Blasen auf der Oberfläche des Teigs erscheinen (nach knapp 1 Minute), den Pfannkuchen wenden und von der anderen Seite ausbacken.
6 Traditionell amerikanisch mit Ahornsirup und gebratenem Bacon (Frühstücksspeck) servieren.

Zubereitung:
45 Minuten
Backen:
25 Minuten
Ruhenlassen:
1 Stunde 30 Minuten

Hot Cross Buns – Rosinenbrötchen

Diese süßen Teilchen, halb »Scone«, halb Rosinenbrötchen, gehören in England traditionell zu Ostern – deshalb das Kreuz auf der Oberseite des Gebäcks. Normalerweise arbeite ich nicht gerne mit Hefe, aber in diesem Fall ist es wirklich ein Kinderspiel. Die hausgemachte Variante dieser Brötchen ist wirklich die beste!

Für 12 Stück

450 g Mehl
1 TL Salz
2 TL gemahlener Zimt
2 TL Fünf-Gewürze-Pulver
7 g Trockenhefe
1 Orange und 2 Zitronen, unbehandelt, abgeriebene Schale
110 g Zucker
250 ml frische Vollmilch
50 g Butter
1 TL natürlicher Vanilleextrakt
1 Ei, verklopft
75 g Korinthen
75 g kandierte Kirschen

Teigkreuz:
80 g Mehl
2 EL Zucker
100 ml Wasser

Glasur:
2 EL Rohzucker
3 EL Milch
1 EL Marmelade

1 Das Mehl in eine große Schüssel sieben, Salz, Gewürze, Hefe, Zitrusschalen und Zucker dazugeben und vermischen.
2 In einem Topf die Milch mit Butter und Vanilleextrakt bei niedriger Temperatur unter Rühren erwärmen, bis die Butter geschmolzen ist. Das verklopfte Ei einrühren und die Flüssigkeit zu der Mehlmischung in die Schüssel gießen.
3 Korinthen und kandierte Kirschen beifügen und alles mit einem Holzlöffel gründlich verrühren. Anschließend von Hand auf einer bemehlten Unterlage zu einem glatten Teig kneten.
4 Den Teig in 12 Portionen teilen und diese mit einem feuchten Küchentuch abgedeckt an einem warmen Ort 30 Minuten aufgehen lassen, bis die Kugeln ihr Volumen verdoppelt haben.
5 Den Ofen auf 180 Grad vorheizen.
6 Für das Teigkreuz alle Zutaten verrühren. Die Masse in einen Spritzbeutel oder einen Gefrierbeutel füllen, dessen Spitze man anschließend abschneidet. Auf jede Teigportion ein Kreuz aufbringen.
7 Die Brötchen auf ein mit Backpapier oder Silikonmatte ausgelegtes Blech setzen und im vorgeheizten Ofen bei 180 Grad 10 Minuten backen. Die Temperatur auf 170 Grad reduzieren und weitere 15 Minuten backen.
8 In der Zwischenzeit für die Glasur Zucker, Milch und Marmelade in einem kleinem Topf erhitzen und glatt rühren.
9 Die Brötchen aus dem Ofen nehmen und noch heiß mit der Glasur bestreichen. Auf einem Kuchengitter etwas abkühlen lassen und lauwarm zum Tee servieren.

Tipp: Die »Buns« lassen sich einige Tage aufbewahren und dann wunderbar aufwärmen bzw. rösten. Dann noch warm aufschneiden und mit gesalzener Butter bestreichen.

Zubereitung:
10 Minuten
Backen:
20 Minuten

Weizenbrot

In Irland ist dies das »täglich Brot«. Im Norden nennt man es »wheaten«, im Süden »soda bread«, doch ganz gleich, wo Sie sind – Sie werden es vor jeder Mahlzeit zusammen mit leicht gesalzener Butter auf dem Tisch finden. Dank seines süßen Geschmacks und seiner dichten Konsistenz passt es ausgezeichnet in dieses Buch: Getoastet und mit Marmelade bestrichen, kann man es wie ein Stück Kuchen zu einem kräftigen irischen Tee genießen.

Für 2 Laibe oder 6 Personen

250 g Weizenmehl zum Brotbacken
5 g feinkörniges Salz
½ Päckchen Backpulver
80 g Haferflocken
1 TL flüssiger Honig
1 EL Rohrzuckersirup oder Melasse (Black Treacle)
250 ml Buttermilch

1 Den Ofen auf 200 Grad vorheizen.
2 Ein Backblech mit Backpapier oder Silikonmatte belegen.
3 Mehl, Salz, Backpulver und Haferflocken in einer großen Schüssel vermischen.
4 In einer kleinen Schüssel Honig und Rohrzuckersirup mischen und anschließend 50 ml der Buttermilch einrühren. Dann diese Mischung unter die restliche Milch rühren.
5 Die Milchmischung zu den trockenen Zutaten gießen und alles zu einem glatten Teig kneten.
6 Den Teig mit bemehlten Händen 1 Minute weiterkneten, bis er geschmeidig ist. Dann den Teig in zwei Portionen teilen, diese zu Kugeln formen und auf das vorbereitete Backblech setzen.
7 Mit einem Messer die Teigkugeln kreuzförmig einritzen, dann im vorgeheizten Ofen etwa 20 Minuten backen. Die Oberseite sollte schön gebräunt sein und die Laibe beim Klopfen hohl tönen.
8 Aus dem Ofen nehmen, auf ein Kuchengitter setzen und mit einem leicht angefeuchteten Küchentuch bedeckt abkühlen lassen.
9 Das Brot am gleichen Tag oder getoastet bzw. geröstet am nächsten Tag verzehren.

Zubereitung:
10 Minuten
Backen:
20–25 Minuten

Reichhaltige Muffins

Dieses Rezept lässt sich problemlos auch in der halben Menge zubereiten.

Für 20 große oder etwa 40 Mini-Muffins

125 g »All Bran«-Frühstücksflocken
3 schön reife Bananen (ca. 300 g), zerquetscht
200 g brauner Vergeoise-Zucker
100 g weißer Zucker
3 Eier
125 g leicht gesalzene Butter, geschmolzen
200 g griechischer Joghurt (sahneangereichert)
1 TL natürlicher Vanilleextrakt
325 g Mehl
3 TL Backpulver
300 g Rosinen

Form:
1–2 Muffinbleche, mit Papierbackförmchen ausgelegt

1 Die Frühstücksflocken im Blitzhacker oder Mixer zu Pulver mahlen.
2 Den Ofen auf 200 Grad vorheizen.
3 In einer Schüssel die zerquetschten Bananen mit den beiden Zuckersorten und 1 Ei glatt rühren. Dann unter Rühren die beiden weiteren Eier, die flüssige Butter, Joghurt und Vanilleextrakt hinzufügen.
4 Das Mehl zusammen mit dem Backpulver zum Teig sieben, das All-Bran-Pulver sowie die Rosinen dazugeben und alles behutsam verrühren.
5 Die Muffinformen jeweils zur Hälfte mit Teig füllen (die Teigmenge ergibt mehrere Muffinbleche).
6 Im vorgeheizten Ofen etwa 20–25 Minuten backen. Die fertigen Muffins aus der Form nehmen und auf einem Kuchengitter abkühlen lassen.

Zubereitung:
20 Minuten
Backen
(ohne Blindbacken):
25 Minuten
Ruhenlassen:
15 Minuten

Treacle Tart – Englischer Sirupkuchen

»Golden syrup«, auch »light treacle« genannt, oder Zuckerrübensirup ist ein wichtiger Teil des angelsächsischen kulinarischen Erbes. Dickflüssig wie Honig und mit deutlichem Karamellaroma, ähnelt er flüssigem Bernstein. Dieses Rezept lehnt sich an ein Rezept der irischen Schriftstellerin Tamasin Day Lewis, der Schwester von Daniel Day Lewis, an. Julia Roberts soll, jedes Mal wenn sie Tamasin in Irland besucht, verrückt nach diesem Kuchen sein ... Die Konsistenz des Belags ist »geleeartiger« als die der Tarts, die ich aus meiner Kindheit kenne.

Für 6–8 Personen

1 Portion Mürbteig, fertig gekauft oder selbst gemacht (siehe Rezept Seite 182)
450 g Zuckerrübensirup
30 g Butter
2 Eier, leicht verklopft
3 EL Crème fraîche
4–5 EL Vollkornbrotbrösel
1 unbehandelte Orange, abgeriebene Schale

Form:
1 Tarteform von etwa 22 cm Durchmesser

1 Den Ofen auf 190 Grad vorheizen.
2 Die Form mit dem Teig auskleiden und den Teigboden etwa 15 Minuten blindbacken (siehe Seite 184).
3 Den Zuckerrübensirup in einem Topf langsam erhitzen.
4 Den Sirup vom Herd nehmen und die Butter einrühren, bis sie geschmolzen ist. Anschließend die Eier und die Crème fraîche verrühren und unter den Sirup ziehen. Ebenso die Brotbrösel und die abgeriebene Orangenschale.
5 Den Teigboden aus dem Ofen nehmen, Backpapier und Backgewichte entfernen. Die Ofentemperatur auf 180 Grad absinken lassen.
6 Die Sirupfüllung auf dem Teigboden verteilen und im 180 Grad heißen Ofen 25 Minuten backen. Das Innere muss gerade leicht durchgebacken sein.
7 Herausnehmen, 10–15 Minuten abkühlen lassen, dann mit Vanilleeis, Mascarpone, Doppelrahm (Crème double) oder »Clotted cream« servieren.

Tipp: »Clotted cream« ist eine nahezu unverzichtbare, vor allem in Devon und Cornwall bekannte Spezialität der englischen Küche. Es ist ein eingedickter Rahm mit mindestens 55 Prozent Fettgehalt.

Zubereitung:
20 Minuten
Backen:
30 Minuten
Ruhenlassen:
2 Stunden

Marmeladentörtchen

Mit selbstgemachter Marmelade, bitte schön!

Für 6–8 Personen

250 g Mehl, gesiebt
125 g sehr kalte gesalzene Butter, klein gewürfelt
3 EL Eiswasser
500 g Himbeermarmelade

Form:
6–8 kleine Tarteletteformen oder 1 Tarteform von 28 cm Durchmesser

1 Das Mehl und die Butter in einer Schüssel mit den Fingern zu einem krümeligen Teig verarbeiten. Dann nach und nach das Eiswasser dazugeben und die Masse zu einem glatten Teig kneten.
2 Den Teig in Frischhaltefolie gewickelt 2 Stunden im Kühlschrank ruhen lassen.
3 Den Ofen auf 180 Grad vorheizen.
4 Den Teig ausrollen und damit die Tarteform(en) auskleiden. Den Teigboden mit einer Gabel mehrfach einstechen und im vorgeheizten Ofen etwa 10 Minuten blindbacken (siehe Seite 184).
5 Aus dem Ofen nehmen, die Marmelade auf dem Teigboden verteilen und weitere 20 Minuten backen.
6 Die Törtchen etwas abkühlen lassen (an der heißen Marmelade kann man sich nämlich leicht den Mund verbrennen!) und warm mit Vanilleeis oder Crème fraîche servieren.

Zubereitung:
15 Minuten
Backen:
20 Minuten

Waffeln für Chris

Dieses Buch möchte die ganze Welt von der Lust am Süßen überzeugen. Nicht selten sind es insbesondere die sportlichen Männer, die gegen süße Verlockungen ausgesprochen resistent sind. Doch von diesem Rezept wird sich selbst ein sehr sportlicher und vernünftiger junger Mann überzeugen lassen. Denn Waffeln sind eine der wenigen süßen Sünden, die er sich leistet. Man darf die Hoffnung nie aufgeben: Weitere Köstlichkeiten aus dem Kapitel »Wow!« werden das ihre dazu tun!

Für etwa 12 Stück

4 Eigelb
250 ml frische Vollmilch
150 g Mehl
1/2 TL natürlicher Vanilleextrakt
100 g leicht gesalzene Butter, geschmolzen und abgekühlt
6 Eiweiß

1 In einer großen Schüssel mit einem Schneebesen die Eigelbe mit der Hälfte der Milch verrühren. Das Mehl dazusieben, den Vanilleextrakt beifügen und alles gut verrühren.
2 Anschließend unter kräftigem Rühren die flüssige Butter und die restliche Milch hinzufügen.
3 Die Eiweiße zu steifem Schnee schlagen und sehr behutsam darunterheben, so dass der Teig möglichst viel enthält.
4 Den Teig sofort portionenweise in einem heißen Waffeleisen ausbacken.
5 Die Waffeln mit Puderzucker bestäubt unverzüglich genießen.

Zubereitung:
15 Minuten
Backen:
25 Minuten

Victoria Sponge – Luftiger Sandkuchen

Trotz seines nicht gerade schmeichelhaften Namens, »Victorias Schwamm«, verspreche ich Ihnen, dass Sie bei dem folgenden Rezept (das meine Mutter ihrer besten Freundin entlockt hat) ganz sicher nicht das Gefühl haben werden, einen Schwamm zu verspeisen. Ganz im Gegenteil: Dieser Klassiker des Nachmittagstees ist der Gipfel an Leichtigkeit und Lockerheit – natürlich nicht ganz ohne Butter, ich gebe es zu –, und er zerschmilzt am Gaumen wie süße kleine Luftkissen.

Bei der Füllung und der Garnitur können Sie Ihre persönlichen Präferenzen ins Spiel bringen: Von Buttercreme über Schokolade oder Schlagrahm bis hin zu Himbeer- oder Erdbeermarmelade ist alles möglich. Den letzten hausgemachten »Sponge Cake« habe ich in Schottland genossen; er war mit weißer Schokolade überzogen, mit kandierten Rosenblütenblättern verziert und mit Schichten von Buttercreme und Himbeerkonfitüre gefüllt. Erstaunlicherweise habe ich eine Schwäche für die schlichteste Variante: Ich liebe meinen »Victoria Sponge Cake« einfach nur mit Kristallzucker bestreut und mit etwas Himbeerkonfitüre in der Mitte.

Ein kleiner Trick: Wenn Ihr Ofen wie meiner ab und zu eigenwillig verformte Resultate produziert, oder wenn der obere Teil des Kuchens zu stark aufgeblasen wirkt, legen Sie die Hälften umgedreht auf das Kuchengitter, so dass sie abgeflacht werden und somit einfacher zu verzieren sind.

Für 2 Kuchen

180 g sehr weiche Butter
180 g Zucker
3 Eier, leicht verklopft
180 g Mehl

Form:
2 Kuchenbleche von 18 cm Durchmesser, gefettet und gemehlt

1 Den Ofen auf 180 Grad vorheizen.

2 Butter und Zucker in der Schüssel der Küchenmaschine schaumig aufschlagen, bis sich das Volumen der Masse verdoppelt hat.

3 Aufgepasst – dieser Schritt ist der entscheidende: Nach und nach die Eier dazugeben, dabei nach jedem Ei ausgiebig rühren. Sollte die Masse ausflocken, geben Sie unter Rühren 1 Teelöffel Mehl dazu.

4 Sind alle Eier in den Teig gerührt, nach und nach, Esslöffel für Esslöffel das Mehl darunterheben. Beim Unterheben möglichst viel Luft in die Masse einarbeiten. Nicht rühren, da sich sonst die untergehobene Luft wieder verflüchtigt.

5 Den Teig in die beiden vorbereiteten Formen füllen und im vorgeheizten Ofen etwa 25 Minuten backen, bis die Kuchen schön aufgegangen und goldbraun gefärbt sind.

6 Aus dem Ofen nehmen und in der Form abkühlen lassen, dann aus der Form stürzen und nach Belieben füllen und verzieren.

Zubereitung:
15 Minuten
Backen:
15 Minuten

Scones – Englisches Teegebäck

Dies sind die »Scones«, die ich aus meiner Kindheit in Irland kenne – wie kleine bleiche Felsbrocken sehen sie aus, schön saftig und wabenartig ist ihre Konsistenz. Bei 10 Minuten Vorbereitungszeit und 15 Minuten Backzeit gibt es keine Ausrede, dieses Rezept nicht in die Sammlung Ihrer Favoriten aufzunehmen. Machen Sie sich keine Sorgen, falls Sie keine Buttermilch zur Hand haben – mit frischer Vollmilch funktioniert es auch.

Für 6 Stück

225 g Mehl
1½ TL Backpulver
1 EL Rohzucker
75 g sehr kalte, leicht gesalzene Butter
150 ml Buttermilch (oder frische Vollmilch)

1 Den Ofen auf 230 Grad vorheizen.
2 Ein Backblech buttern oder mit einer Silikonmatte auslegen.
3 Mehl und Backpulver in eine Schüssel sieben und mit dem Zucker vermischen.
4 Mit den Fingerspitzen die kalte Butter in das Mehl einarbeiten. Dazu die Butterstücke zwischen den Fingerspitzen reiben und dabei das Mehl immer wieder aufwerfen, so dass möglichst viel Luft in den Teig gelangt.
5 Sobald ein krümeliger Teig entstanden ist, in der Mitte eine Mulde formen und die Milch langsam hineingießen; dabei mit einem Messer das Mehl von der Schüsselwand streifen, so dass es in die Milch fällt.
6 Die Masse mit bemehlten Händen zu einem glatten Teig kneten, der zwar geschmeidig, aber nicht klebrig sein sollte.
7 Den Teig auf einer kalten, dünn bemehlten Unterlage mit den Händen etwa 2½ Zentimeter dick flach drücken. Mit einem runden Ausstecher Kreise ausstechen und diese auf das vorbereitete Blech setzen. Im vorgeheizten Ofen 12–15 Minuten backen, bis sich der Teig hellbraun färbt.
8 Aus dem Ofen nehmen und auf einem Kuchengitter abkühlen lassen. Schnell verspeisen!

Zubereitung:
15 Minuten
Ruhenlassen:
3 Stunden

Mein Cheesecake

Eines der Rezepte, die ich schon als kleines Mädchen für Einladungen meiner Eltern gebacken habe. Übrigens: Ich finde, dass die Suche nach Zitronengelee weitaus weniger mühsam ist, als dieses selbst herzustellen.

Für 6–8 Personen

200 g Vollkorn- oder Butterkekse, zerbröselt
75 g leicht gesalzene Butter, geschmolzen
1 Glas Zitronengelee (Lemon Jelly)
2 EL Wasser
2 unbehandelte Zitronen, abgeriebene Schale und Saft
300 g Frischkäse (z.B. Philadelphia)
150 ml frischer Rahm
1 unbehandelte Zitrone, gründlich gewaschen

Form:
1 runde Springform von etwa 20 cm Durchmesser

1 Die zerbröselten Kekse mit der flüssigen Butter vermischen.
2 Den Krümelteig auf den Boden der Springform drücken und im Kühlschrank fest werden lassen.
3 Das Zitronengelee in der Mikrowelle auf höchster Stufe mit dem Wasser auflösen. Zitronensaft und -schale einrühren und beiseite stellen.
4 Mit einem Schneebesen den Frischkäse mit dem Rahm verrühren und schaumig schlagen. Sobald die Masse schön schaumig ist, das Zitronengelee darunterrühren.
5 Die Masse auf dem Keksboden verteilen und nochmals 3 Stunden oder wenn möglich über Nacht kalt stellen.
6 Für die Dekoration die Zitrone in feine Scheiben schneiden, diese vierteln oder sechsteln und den Kuchen damit garnieren.

Zubereitung:
10 Minuten
Backen:
15 Minuten

Schmetterlingstörtchen

Für etwa 20 Stück

125 g sehr weiche Butter
125 g Zucker
3 Eier
100 g Mehl
25 g Kakaopulver
1 1/2 TL Backpulver

Buttercreme:
200 g weiche Butter
325 g Puderzucker
40 g Kakaopulver, in 2 EL heißem Wasser aufgelöst

Form:
1 Muffinblech und 20 Papierbackförmchen

1 Den Ofen auf 190 Grad vorheizen. Die Papierförmchen in die Vertiefungen des Muffinblechs setzen.
2 Alle Teigzutaten in eine Schüssel geben und 2–3 Minuten zu einem glatten Teig rühren.
3 Die Förmchen zur Hälfte mit Teig füllen und im vorgeheizten Ofen etwa 15 Minuten backen. Die Törtchen sollten schön aufgehen und auf Fingerdruck leicht nachgeben. Aus dem Ofen nehmen und vollständig abkühlen lassen.
4 Für die Buttercreme alle Zutaten zu einer leicht schaumigen Masse verrühren.
5 Von den Törtchen einen kleinen Deckel (die oberste Wölbung) abschneiden und diese jeweils längs halbieren. In die entstandene Mulde einen Klecks Buttercreme setzen und die beiden Teigstücke wie Flügel hineindrücken.

Zubereitung:
10 Minuten
Backen:
10 Minuten
Ruhenlassen:
10 Minuten

Apfelmustörtchen mit Sahnehaube

Dies war das liebste Teegebäck meiner Kindheit. Das fruchtige Apfelmus bildet einen frischen Kontrast zum Teig und zur Sahnehaube. Und wenn meine Mama die Törtchen zubereitet hat, war der Sandteig einfach perfekt.

Für etwa 20 Stück

4–5 Boskoop-Äpfel, geschält, entkernt und geviertelt
etwas Zucker (je nach Süße der Äpfel)
ca. 20 Tarteletteböden, fertig gekauft oder selbst gemacht und blindgebacken (siehe Seite 182, 184)
Sprühsahne

1 Die Äpfel in einem Topf mit etwas Wasser 10 Minuten sehr weich dämpfen. Mit einer Gabel zu Mus zerdrücken. Nach Geschmack süßen und vollständig abkühlen lassen.
2 Das Apfelmus in die Tarteletts füllen und vor dem Servieren jeweils ein Häubchen Sahne daraufsetzen.

Zubereitung:
25 Minuten
Ruhenlassen:
1 Stunde 30 Minuten
Backen:
20 Minuten

Mince Pies – Gewürz-Pastetchen

Zu Weihnachten dürfen diese »Pies« auf keinen Fall fehlen. Natürlich sind Mamas die besten, und so gehen alljährlich Päckchen von Irland nach Frankreich auf die Reise, damit die armen, in Frankreich lebenden Kinder auch dort in den einzigartigen Genuss kommen. Nein, ich gebe Ihnen hier nicht das Originalrezept meiner Mutter – allerdings nicht aus purem Egoismus oder der Angst, der Spionage angeklagt zu werden, sondern weil es einige sehr spezielle, ausgefallene Zutaten erfordert. Aber auch das folgende Rezept ist überaus empfehlenswert.

Für etwa 20 Stück

250 g Mehl
130 g sehr kalte, leicht gesalzene Butter, klein gewürfelt
50 g Rohzucker
1 Ei, verklopft
350 g Mincemeat (siehe Tipp)
etwas Milch

Form:
1 Mini-Muffin- oder -Tartelette-Blech, gebuttert, oder entsprechende Silikonform

1 Das Mehl in die Rührschüssel sieben, Butter und Zucker beifügen und alles in der Küchenmaschine zu einem krümeligen Teig verarbeiten.
2 In der Mitte eine Mulde formen und das verklopfte Ei hineingeben.
3 Mit bemehlten Händen zu einem zusammenhängenden Teig kneten. Diesen in Frischhaltefolie gewickelt 1 Stunde im Kühlschrank ruhen lassen.
4 Den Teig aus dem Kühlschrank nehmen und 3 Millimeter dünn ausrollen.
5 Mit einem größeren Ausstecher etwa 20 Kreise ausstechen und diese in die Vertiefungen der vorbereiten Form drücken. Mit einem Ausstecher in der Größe des Durchmessers der Vertiefungen weitere 20 kleinere Kreise ausstechen.
6 Das Mincemeat glatt rühren und auf jeden der Teigböden etwas davon verstreichen.
7 Mit dem Backpinsel den Rand der Teigböden abstreifen, die kleineren Kreise als Deckel daraufsetzen und die Kanten vorsichtig festdrücken.
8 Die Teigdeckel mit einer Gabel mehrmals einstechen oder mit einem spitzen Messer einritzen.
9 Etwa 30 Minuten im Kühlschrank ruhen lassen.
10 Den Ofen auf 180 Grad vorheizen. Mit dem Backpinsel etwas Milch auf die Teigdeckel streichen und die Küchlein im vorgeheizten Ofen etwa 20 Minuten goldbraun backen.
11 Aus dem Ofen nehmen und auf einem Kuchengitter abkühlen lassen. Heiß, lauwarm oder kalt genießen.

Tipp: »Mincemeat« (ja nicht zu verwechseln mit Hackfleisch!) ist eine Mischung aus klein gehacktem Trockenobst, Rosinen, Weinbrand und Gewürzen; man bekommt es im gut sortierten Feinkosthandel oder bei britischen Spezialversendern (siehe Adressen im Anhang).

Zubereitung:
20 Minuten
Backen:
1 Stunde

Carrés de Reims – Reimser Törtchen

Ein kleiner süßer Happen, der keinen Ofen braucht und wie gemacht ist zu einem Glas Champagner um 18 Uhr ... Die berühmten rosa Biskuits von Reims sind bei verschiedenen Internet-Versendern (z.B. bei www.feinschmeckeronly.com) erhältlich.

Für etwa 40 Stück

250 g »Biscuits roses de Reims«
3 EL Puderzucker
1 Ei
125 g weiche Butter
3 EL Kirschwasser
Puderzucker oder Zuckerperlen zum Verzieren

1 Die Biskuits im Blitzhacker oder Mixer fein mahlen.
2 Den Puderzucker und das Ei in einem Topf bei niedriger Hitze erwärmen, so dass der Zucker schmilzt.
3 Die Butter in einer Schüssel cremig rühren. Dann die Zucker-Ei-Mischung, anschließend die gemahlenen Kekse und das Kirschwasser einrühren.
4 Die Masse auf einem Backblech gleichmäßig dick verstreichen, mit Frischhaltefolie bedeckt 1 Stunde im Kühlschrank fest werden lassen.
5 Die Masse in kleine Quadrate schneiden und mit Zuckerperlen dekorieren oder mit Puderzucker bestäuben.

Zubereitung (ohne Blindbacken): 20 Minuten

Tarte aux pralines – Lyoner Zuckermandeltorte

Dieser Klassiker der Lyoner Küche ist kinderleicht zuzubereiten. Mit den »Pralines« sind keine Pralinen gemeint, sondern mit rosa gefärbtem Zucker umhüllte Mandeln.

Für 8 Personen

1 Portion Sandteig (siehe Seite 182)
300 g rosa Zuckermandeln (Wiener Mandeln)
300 g frischer Rahm

1 Mit dem Sandteig eine Kuchenform von etwa 22 cm Durchmesser auslegen und bei 190 Grad 15–20 Minuten blindbacken (siehe Seite 184).
2 Die Zuckermandeln im Mixer fein mahlen.
3 Das Pulver in einem Topf zusammen mit dem Rahm zum Kochen bringen und 15 Minuten köcheln lassen, bis die Masse eindickt. Dann vom Herd nehmen und abkühlen lassen.
4 Die Masse auf dem gebackenen Teigboden verstreichen und bis zum Servieren kalt stellen.

Zubereitung:
10 Minuten
Backen:
2 Minuten

Bugnes lyonnaises – Schmalzgebäck

Für 6 Personen

200 g Mehl
3 EL Zucker
60 g weiche Butter
1 EL Orangenblütenwasser
1 unbehandelte Zitrone, abgeriebene Schale
2 Eier
Pflanzenöl (am besten Sonnenblumenöl) zum Ausbacken
Puderzucker

1 Das Mehl, den Zucker und die Butter in der Küchenmaschine 1 Minute rühren. Orangenblütenwasser, Zitronenschale und Eier hinzufügen und noch 20 Sekunden glatt rühren – nicht länger, damit der Teig schön weich und locker bleibt.
2 Den Teig auf einer kalten, dünn bemehlten Fläche ausrollen.
3 Den Teig zu kleinen Rechtecken schneiden, diese in der Mitte einschneiden und ein Ende hindurchziehen, so dass es wie ein Knoten aussieht (siehe Foto). Oder ohne Knoten backen und den Teig sich selbst einrollen lassen. Die Stücke in heißem Öl 1–2 Minuten goldbraun ausbacken.
4 Mit einer Zange aus dem Öl nehmen, im Puderzucker wälzen und heiß genießen.

Zubereitung:
15 Minuten
Backen:
25 Minuten

Saint-Pierre – Sandkuchen aus der Bretagne

Dieses unkomplizierte Rezept aus der Bretagne müssen Sie unbedingt ausprobieren. Der Kuchen schmeckt pur, zum Tee oder zu Obstsalat oder Obstkompott.

Für 6 Personen

250 g Mehl
1/2 Päckchen Backpulver
5 Eigelb
150 g Puderzucker
1 Prise Salz
180 g kalte Butter, klein gewürfelt
1 Eigelb zum Bestreichen, verquirlt

Form:
1 Tarteform von etwa 22 cm Durchmesser oder mehrere kleine Formen, dünn bebuttert

1 Den Ofen auf 180 Grad vorheizen.
2 Mehl und Backpulver vermischen und auf die Arbeitsfläche rieseln lassen.
3 In der Mitte eine Mulde formen. Eier, Zucker und Salz hineingeben und mit den Fingern durchkneten, so dass ein krümeliger Teig entsteht. Dann die Butter beifügen und darunterkneten.
4 Den Teig in die vorbereitete Form drücken. Die Oberfläche mit dem zusätzlichen Eigelb bestreichen.
5 Im vorgeheizten Ofen etwa 25 Minuten backen.
6 Den Kuchen lauwarm abkühlen lassen, dann aus der Form nehmen und auf einem Kuchengitter abkühlen lassen.

Zubereitung:
5 Minuten
Backen:
1 Stunde
Ruhenlassen:
2 Stunden

Klementinen-Kuchen

Ein köstlicher, saftiger und aromatischer Kuchen ohne Mehl, den man zum Tee oder begleitet von einem frischen Orangensalat als Dessert servieren kann. Für das Foto haben wir ihn mit Begonienblüten dekoriert; Sie können aber auch ungespritzte Rosenblütenblätter aus Ihrem Garten verwenden.

Für etwa 12 Personen

1 Orange und 2 Klementinen (oder 2 Orangen)
6 Eier
1 TL Orangenblütenwasser, nach Belieben
1 TL Backpulver
250 g Puderzucker
250 g gemahlene Mandeln

5–6 Stücke brauner Würfelzucker, grob zerstoßen
1 unbehandelte Zitrone, abgeriebene Schale und Saft

Form:
1 Kuchenblech, gefettet

1 Den Ofen auf 190 Grad vorheizen.
2 Die Klementinen und/oder Orangen etwa 2 Stunden in kochendem Wasser pochieren. Herausheben, vollständig abkühlen lassen, dann im Mixer fein pürieren.
3 In einer Schüssel die Eier mit einer Gabel verklopfen. Das Klementinen-Orangen-Püree, Orangenblütenwasser, falls verwendet, Backpulver, Puderzucker und gemahlene Mandeln dazugeben und zu einem glatten Teig verrühren.
4 In die Kuchenform füllen und im vorgeheizten Ofen etwa 1 Stunde backen.
5 Aus dem Ofen nehmen und einige Minuten abkühlen lassen.
6 Den grob zerstoßenen Zucker mit Zitronenschale und -saft vermischen. Mit einem Löffel die Mischung auf dem Kuchen verstreichen und diesen vollständig abkühlen lassen. Der Zucker-Zitronen-Sirup bildet eine köstliche Kruste.

Zubereitung:
15 Minuten
Ruhenlassen:
2 Stunden
Backen:
45 Minuten

Pekannuss-Tarte mit Ahornsirup

Für 8 Personen

Teig:
250 g Mehl
2 EL Zucker
125 g kalte gesalzene Butter
3–4 EL Eiswasser

Belag:
60 g Butter, geschmolzen
100 g Zucker
180 ml Ahornsirup
2 Eier
250 g Pekannüsse

Form:
1 beliebige Tarteform

1 Für den Teig Mehl, Zucker und Butter in eine Schüssel geben und mit dem Handrührgerät zu einem krümeligen Teig verarbeiten. Das Eiswasser dazugeben und noch einige Sekunden weiterrühren.
2 Den Teig noch einmal durchkneten und in Frischhaltefolie gewickelt 2 Stunden im Kühlschrank ruhen lassen.
3 Den Ofen auf 190 Grad vorheizen.
4 Für den Belag die flüssige Butter mit Zucker und Ahornsirup verrühren. Unter Rühren die Eier hinzufügen.
5 Die Tarteform mit dem Teig auskleiden. Die Pekannüsse darauf verteilen und die Ahornsirupmasse darauf verstreichen.
6 Im vorgeheizten Ofen bei 190 Grad etwa 15 Minuten backen, dann die Temperatur auf 170 Grad reduzieren und weitere 25–30 Minuten backen.
7 Abkühlen lassen und lauwarm oder kalt servieren.

Zubereitung:
15 Minuten
Backen:
30 Minuten

Die besten Brownies

Viele Rezepte entwickelt man weiter, um das Ergebnis zu optimieren. Aber diese Brownies kann man nicht mehr verbessern – sie sind perfekt.

Für etwa 10 Stück

90 g Butter
120 g Zartbitterschokolade
2 Eier, verklopft
225 g Zucker
90 g Mehl
50 g Hasel- oder Macadamianüsse, geröstet und grob zerstoßen

Form:
1 quadratische Form von 20 cm Kantenlänge oder 1 Auflaufform, gefettet

1 Den Ofen auf 180 Grad vorheizen.
2 Die Butter und die Schokolade zusammen in der Mikrowelle oder über dem heißen Wasserbad schmelzen. Etwas abkühlen lassen. Dann die verklopften Eier und anschließend Zucker und Mehl einrühren. Dabei schnell, aber dennoch behutsam rühren. Zuletzt die Nüsse darunterheben.
3 Den Teig in die vorbereitete Form füllen und im vorgeheizten Ofen etwa 30 Minuten backen. Die Oberfläche muss knusprig, das Innere weich und saftig sein.
4 Herausnehmen, etwas abkühlen lassen, dann aus der Form lösen und in Quadrate beliebiger Größe schneiden. Heiß, zusammen mit Vanilleeis oder Crème fraîche servieren.

Zubereitung:
15 Minuten
Backen (ohne Blindbacken):
25 Minuten

Pumpkin Pie – Kürbistarte

Für den authentischen Geschmack wie »jenseits des großen Teichs« muss man für diesen Kuchen Kürbismus aus der Dose verwenden. Sie finden es in gut sortierten Supermärkten und Feinkostgeschäften – insbesondere in der Zeit um Thanksgiving.

Für 8 Personen

250 g fertig gekaufter Blätterteig
230 g Kürbispüree aus der Dose
75 g Rohzucker
3 EL Zucker
1 EL Mehl
1/2 TL Zimt
1/2 TL Ingwer
1/2 TL Muskatnuss
1/2 TL gemahlene Nelken
1 Ei und 1 Eigelb zusätzlich, verklopft
125 ml frischer Rahm
1/2 TL natürlicher Vanilleextrakt
1 EL Cognac
Schlagrahm zum Servieren, nach Belieben

Form:
1 Tarteform von etwa 24 cm Durchmesser

1 Die Form mit dem Blätterteig auslegen und bei 190 Grad 15–20 Minuten blindbacken (siehe Seite 184).
2 Die Ofentemperatur auf 180 Grad reduzieren.
3 Das Kürbispüree, Rohzucker und Zucker in der Küchenmaschine verrühren. Mehl und Gewürze hinzufügen und zu einem glatten Teig verarbeiten. Anschließend die Eier und zuletzt Rahm, Vanilleextrakt und Cognac einrühren.
4 Die Masse auf den blindgebackenen Teigboden füllen und im vorgeheizten Ofen 20–25 Minuten backen.
5 Die Tarte aus dem Ofen nehmen und vor dem Servieren auf einem Kuchengitter vollständig abkühlen lassen. Wer mag, verziert den Kuchen vor dem Servieren mit Schlagrahm.

Zubereitung:
20 Minuten
Backen:
35 Minuten
Ruhenlassen:
30 und 10 Minuten

Biscotti – Italienische Kekse

Für etwa 30 Stück

75 g weiche Butter
225 g Zucker
4 Eier
1 TL Vanilleextrakt
210 g Mehl
1 Päckchen Backpulver
250 g Zartbitter-Schokotröpfchen

1 Die Butter und den Zucker schaumig schlagen. Nach und nach die Eier, dann den Vanilleextrakt einrühren. Mehl und Backpulver und zuletzt die Schokotröpfchen darunterheben.
2 Den Teig auf einem mit Backpapier oder Silikonmatte belegten Blech zu zwei Rechtecken von etwa 25 x 10 cm glatt ausstreichen. 30 Minuten kalt stellen.
3 Den Ofen auf 180 Grad vorheizen und die Biscotti darin 25 Minuten backen. Die Oberseite soll knusprig sein, und an einem in der Mitte eingestochenen Messer darf beim Herausziehen kein Teig mehr haften.
4 Aus dem Ofen nehmen und 10 Minuten abkühlen lassen.
5 Die Ofentemperatur auf 150 Grad reduzieren.
6 Die Teigplatten auf ein Schneidebrett setzen und mit einem scharfen Messer diagonal in 2 Zentimeter breite Streifen schneiden.
7 Die Biscotti mit den Schnittflächen nach oben bzw. unten zurück auf das Blech setzen und weitere 5–8 Minuten backen, bis sie rundum goldbraun und knusprig sind.
8 Abkühlen lassen und mit einem guten Kaffee oder Vin santo zum Eintauchen reichen.

Zubereitung:
15 Minuten
Backen:
15 Minuten

Pignoli – Italienische Marzipan-Pinien-Kekse

115 g Zucker
200 g Marzipan
2 Eiweiß
½ TL Vanilleextrakt
3 EL Mehl
115 g Pinienkerne
115 g Puderzucker

1 Den Ofen auf 180 Grad vorheizen.
2 In der Rührschüssel der Küchenmaschine den Zucker und das Marzipan zu einer krümeligen Masse verarbeiten.
3 Die Eiweiße und den Vanilleextrakt hinzufügen und 3–4 Minuten weiterrühren, dann das Mehl dazusieben und nochmals 1 Minute rühren, bis ein ziemlich klebriger Teig entstanden ist.
4 Die Pinienkerne auf einen Teller oder in eine Schale geben.
5 Esslöffelgroße Teigportionen abstechen und zwischen den Handflächen zu Kugeln rollen, diese flach drücken und mit einer Seite in die Pinienkerne drücken.
6 Die Kekse mit 3–4 cm Abstand auf das mit Backpapier oder Silikonmatte ausgelegte Blech setzen. Im vorgeheizten Ofen 13–15 Minuten backen, bis sich die Oberseite goldbraun färbt. Mit dem restlichen Teig ebenso verfahren.
7 Aus dem Ofen nehmen und die Kekse auf einem Kuchengitter abkühlen lassen.
8 Vor dem Servieren mit Puderzucker bestäuben.

Zubereitung:
20 Minuten
Backen:
25 Minuten
Glasieren:
15 Minuten

Sachertorte (oder fast)

Eine Sachertorte mit veränderten Proportionen. Ich mag sie sehr gerne, weil die Aprikosen hier einen großen Auftritt feiern.

Für 6 Personen

120 g Zartbitterschokolade, zerkleinert
75 g weiche Butter
55 g Zucker
4 Eier, getrennt
55 g Mehl

Aprikosensauce:
3 EL Aprikosenkonfitüre
1 Zitrone, Saft
10 getrocknete Aprikosen, fein gewürfelt

Glasur:
100 g Zartbitterschokolade, zerkleinert
50 g Butter
2 EL Wasser

Form:
1 quadratische oder runde Form (möglichst aus Silikon)

1 Den Ofen auf 180 Grad vorheizen.

2 Die Schokolade in der Mikrowelle oder über dem heißen Wasserbad schmelzen.

3 Butter und Zucker schaumig schlagen. Nach und nach die Eigelbe dazugeben und nach jedem ausgiebig rühren. Dann die flüssige Schokolade und zuletzt das Mehl einrühren.

4 Die Eiweiße steif schlagen und unter den Teig heben (am besten in drei Etappen, damit der Teig nicht zusammenfällt).

5 Den Teig in die Form füllen und im vorgeheizten Ofen 20–25 Minuten backen, bis er schön aufgegangen ist. Mit einem Metallstäbchen oder Messer prüfen, ob er durchgebacken ist.

6 Den Kuchen aus dem Ofen nehmen, auf einem Kuchengitter etwas abkühlen lassen, dann aus der Form lösen und vollständig erkalten lassen.

7 Für die Sauce die Aprikosenkonfitüre mit dem Zitronensaft, den gewürfelten Aprikosen und etwas Wasser zum Kochen bringen. Etwa 5 Minuten köcheln lassen, bis die Aprikosen schön weich sind. Dann vom Herd nehmen und abkühlen lassen. Falls die Sauce zu dick ist, noch etwas Wasser dazugeben.

8 Für die Glasur die Schokolade mit Butter und Wasser in der Mikrowelle oder über dem heißen Wasserbad schmelzen.

9 Den Kuchen in 6 Stücke schneiden und auf Teller verteilen. Mit etwas Glasur übergießen (diese nach Belieben erst fest werden lassen) und jeweils 1 Teelöffel Aprikosensauce dazugeben.

Zubereitung:
15 Minuten
Ruhenlassen:
einige Stunden
Backen:
20–25 Minuten

Rugelach – Süße Nussröllchen

Dieses Kleingebäck steht ebenso für New York wie der »Cheesecake« aus dem »Carnegie Deli«. Beide kamen mit den ersten Auswanderern aus Osteuropa nach New York.

Für etwa 18 Stück

Teig:
225 g Frischkäse
230 g weiche Butter
150 g Zucker
1 TL natürlicher Vanilleextrakt
1 Ei und 3 Eigelb
560 g Mehl
½ TL Salz

Füllung:
175 g Zucker
300 g Haselnüsse, grob zerkleinert
1 Prise Zimt
200 g Aprikosenkonfitüre
200 g Zartbitter-Schokotröpfchen
200 g Korinthen

1 Für den Teig Frischkäse und Butter in der Rührschüssel der Küchenmaschine 3–4 Minuten schaumig aufschlagen, bis die Masse ihr Volumen verdoppelt hat.
2 Zucker und Vanilleextrakt dazugeben und weitere 3 Minuten rühren. Nach und nach das Ei und die Eigelbe unter Rühren hinzufügen. Dann sehr vorsichtig das Mehl und das Salz darunterheben.
3 Den Teig in drei Portionen aufteilen und jede Portion mit dem Teigroller auf einem Stück Backpapier zu einem Kreis von etwa 20 Zentimeter Durchmesser und ½ Zentimeter Dicke ausrollen. Die Teigplatten im Kühlschrank einige Stunden ruhen lassen.
4 Für die Füllung 150 g des Zuckers mit den Nüssen und dem Zimt im Blitzhacker oder Mixer zu Pulver mahlen.
5 Die Aprikosenkonfitüre erwärmen, bis sie flüssig ist. 2 Esslöffel davon beiseite stellen.
6 Die Teigplatten mit der flüssigen Aprikosenkonfitüre bestreichen.
7 Mit der Nussmischung, den Schokotröpfchen und den Korinthen bestreuen und die Füllung mit dem Teigroller etwas flach drücken.
8 Den Ofen auf 165 Grad vorheizen.
9 Mit dem Teigrad die runden Teigplatten jeweils sechsteln und die Spalten mit der breiten Seite beginnend einrollen.
10 Mit einem Backpinsel die Röllchen mit der beiseite gestellten Aprikosenkonfitüre bestreichen und mit dem restlichen Zucker (25 g) bestreuen.
11 Auf mit Backpapier ausgelegte Bleche setzen und im vorgeheizten Ofen 20–25 Minuten goldbraun backen.
12 Aus dem Ofen nehmen und auf einem Kuchengitter abkühlen lassen.

Zubereitung:
25 Minuten
Backen:
15 Minuten
Ruhenlassen:
20 Minuten

Apfelstrudel

Ein bisschen altmodisch, zugegeben, aber wenn man Apfelstrudel mit fertigem Strudelteig zubereitet, schmeckt er unvergleichlich und ergibt ein Dessert, das einfach zuzubereiten ist und ganz einfach allen schmeckt.

Für etwa 12 Stücke

115 g Rosinen
2 EL Calvados
150 g Butter
115 g Semmelbrösel
4 Äpfel
½ TL gemahlener Zimt
115 g Zucker
1 TL Zitronensaft
30 g grob gemahlene Nüsse
5 Platten Strudelteig, aufgetaut
1 EL Puderzucker

1 Die Rosinen mit dem Calvados in einem kleinen Topf zum Kochen bringen. Vom Herd nehmen und ziehen lassen.
2 25 g Butter in einer Pfanne schmelzen und die Semmelbrösel darin unter Rühren einige Minuten anbräunen, bis sie goldbraun und knusprig sind. Die Pfanne vom Herd nehmen.
3 Die Äpfel schälen, vierteln, entkernen und fein würfeln. Zusammen mit Zimt, Zucker, den abgetropften Rosinen, Zitronensaft und Nüssen zu den gerösteten Bröseln geben und gut mischen.
4 Den Rest der Butter schmelzen.
5 Den Ofen auf 180 Grad vorheizen.
6 Die erste Strudelteigplatte auf ein mit Backpapier ausgelegtes Blech legen. Mit der flüssigen Butter bestreichen und mit Puderzucker bestreuen.
7 Mit den weiteren 4 Teigplatten ebenso verfahren und diese aufeinander schichten.
8 Die Apfelmischung auf dem Teig verteilen, dabei rundum einen breiten Rand frei lassen.
9 Die Ränder über die Füllung klappen, dann den Teig zum Strudel einrollen.
10 Den Strudel mit der Nahtseite nach unten auf das mit Backpapier ausgelegte Blech setzen und nochmals mit flüssiger Butter bestreichen.
11 Die Oberseite des Strudels viermal schräg einritzen. Im vorgeheizten Ofen 15 Minuten goldbraun backen.
12 Aus dem Ofen nehmen und etwa 20 Minuten abkühlen lassen. Vor dem Servieren mit Puderzucker bestäuben.

Zubereitung:
10 Minuten
Backen:
45 Minuten

Mohn-Orangen-Kuchen

Wie köstlich, die kleinen Mohnkörnchen zwischen den Zähnen knacken zu hören und das Orangenaroma auf der Zunge zu schmecken. Buttermilch macht diesen Rührkuchen einmalig saftig.

Für 6 Personen

150 g weiche Butter
225 g Zucker
3 Eier, leicht verklopft
3 EL Mohn
1 unbehandelte Orange, abgeriebene Schale und Saft
300 g Mehl
2 TL Backpulver
250 ml Buttermilch

Glasur:
100 g Puderzucker
1 Zitrone, Saft
1 EL Mohnsamen zum Bestreuen

Form:
1 Kranzform, gefettet und gemehlt

1 Den Ofen auf 160 Grad vorheizen.
2 Butter und Zucker schaumig schlagen. Nach und nach unter Rühren die Eier hinzufügen. Dann Mohn, Orangenschale und die Hälfte des Orangensafts einrühren.
3 Mehl und Backpulver dazusieben, die Buttermilch mit dem restlichen Orangensaft hinzufügen und mit einem Holzlöffel vorsichtig mischen, damit der Teig leicht und luftig bleibt.
4 Den Teig in die vorbereitete Form füllen und im vorgeheizten Ofen 45 Minuten backen. Mit einem Metallstäbchen prüfen, ob er durchgebacken ist.
5 Aus dem Ofen nehmen und in der Form vollständig abkühlen lassen. Dann den Kuchen aus der Form stürzen.
6 Für die Glasur den Puderzucker mit dem Zitronensaft verrühren und damit den Kuchen glasieren. Mit dem Mohn bestreuen.

Wow!

Glamour und Luxus – leicht gemacht

♥

Dekorationen

Wenn in Ihrer Brust ein Künstlerherz schlägt, können Sie mit einigen Spritztüllen, etwas Puderzucker und Gefrierbeuteln bis in alle Ewigkeit experimentieren. Sie benötigen weder technisches Equipment noch eine Profiausrüstung. Doch denken Sie immer daran, dass Dekorationen wie Schmuckstücke sind – sie sollen das, was sie zieren, noch schöner und unwiderstehlicher machen. Nicht selten sind »Tortenskulpturen« – so beeindruckend sie auch sein mögen – schlicht und ergreifend nicht mehr vernünftig essbar! Entdecken Sie, wie man mit witzigen Ausstechformen, buntem Zuckerguss und etwas Geduld die tollsten Verzierungen herstellen kann.

Auch mit Kuchenteig kann man modellieren, denn er ist weich und geschmeidig. Nutzen Sie das! Es gibt keine Regeln – erlaubt ist, was gefällt, Spaß macht und Genuss bereitet. Ein kleiner Tipp: Rühren Sie Zuckerguss mit Zitronensaft an, wenn der Geschmack des Kuchens oder der Kekse dies erlaubt. Und wie für Lebensmittelfarbe gilt auch hier: Immer erst mit winzigen Mengen beginnen und sich tröpfchenweise vorarbeiten. Nur wenige Tropfen zu viel können den Zuckerguss bereits zu flüssig machen. Bei der Verwendung von Farbe empfiehlt es sich, nur eine geringe Menge Zuckerguss zu färben und diesen dann mit dem restlichen Zuckerguss zu mischen, bis die gewünschte Farbe erreicht ist. Teig bringt man mit Milch oder verklopftem Eigelb zum Glänzen – aber bitte keinen Zucker verwenden, er eignet sich nicht dafür.

Und zum guten Schluss: Schwelgen Sie in essbaren Blüten, Zweigen und dekorativem Obst (Apfel- oder Birnenscheiben bestreichen Sie mit etwas Zuckersirup und dörren sie über Nacht bei 90 Grad im Ofen).

Je einfacher die Rezepte der Kekse, Cupcakes, Kuchen und Torten sind, desto größer ist die Spielwiese, auf der Sie Ihre Kreativität austoben können – ganz gleich, wie alt Sie sind!

Zubereitung:
25 Minuten
Backen:
3 Stunden

Christmas Cake

Die Herstellung einer angelsächsischen Weihnachtstorte, deren Rezept von Mutter an Tochter weitergegeben wird, ist eine wahrhaft ernste Angelegenheit. Dieses Rezept stammt von meiner Großmutter mütterlicherseits. Ein »Christmas Cake« verlangt nach Planung von langer Hand, damit er seinen Geschmack entwickeln und all seine Aromen entfalten kann. Wer es besonders genau nimmt, macht sich bereits gegen Ende des Sommers an die Herstellung und bewahrt den Kuchen anschließend in einem luftdicht verschließbaren Behälter auf, in den man zusätzlich einen geschälten Apfel gibt, der regelmäßig ersetzt wird. So hält sich der Kuchen über Monate hinweg und bleibt schön saftig – und Sie haben für spontane Gäste immer eine besondere Köstlichkeit zur Hand.

225 g weiche Butter
225 g brauner Zucker
4–5 Eier
225 g Mehl
110 g gemischte kandierte Früchte (Orangeat und Zitronat)
110 g kandierte Kirschen
450 g Korinthen
225 g Rosinen
50 g gemahlene Mandeln
je 1/2 TL Quatre-Epices (siehe Seite 48), Zimtpulver, Nelkenpulver und Korianderpulver
1 TL Ingwerpulver
1 Gläschen Armagnac oder Cognac

Überzug und Dekor:
3 Eiweiß
600 g Puderzucker, gesiebt
1 EL Zitronensaft
2 EL Aprikosenkonfitüre, erwärmt
700 g Marzipan, ausgerollt wie Plätzchenteig

Form:
1 hohe runde Springform von etwa 20 cm Durchmesser, mit 2 Lagen Backpapier ausgelegt

1 Den Ofen auf 180 Grad vorheizen.

2 Butter und Zucker schaumig schlagen. Unter Rühren nach und nach die Eier hinzufügen, dann das Mehl darunterheben. Anschließend die kandierten Früchte, Korinthen, Rosinen und Mandeln sowie die Gewürze beifügen und alles zu einem glatten Teig verarbeiten. Den Teig in die vorbereitete Form füllen.

3 In der Mitte des vorgeheizten Ofens etwa 3 Stunden backen. Dabei von Zeit zu Zeit kontrollieren, dass der Kuchen nicht zu dunkel wird. Er muss auf Fingerdruck elastisch nachgeben.

4 Den Kuchen aus dem Ofen nehmen und 1–2 Minuten abkühlen lassen, dann aus der Form lösen, mit einem Metallspieß mehrfach einstechen und mit dem Alkohol beträufeln. Anschließend in der Form vollständig abkühlen lassen.

5 Nach dem Erkalten den Kuchen erneut aus der Form nehmen, in Backpapier wickeln und in einen luftdicht verschließbaren Behälter packen.

6 Erst vor dem Servieren den Überzug zubereiten. Dazu die Eiweiße cremig schlagen. Den Puderzucker einrieseln lassen und dabei bei mittlerer Geschwindigkeit weiterschlagen.

7 Sobald der Eischnee steif und glänzend ist, den Zitronensaft einrühren.

8 Den Kuchen zuerst mit der lauwarmen flüssigen Aprikosenkonfitüre bestreichen, dann mit dem ausgerollten Marzipan ummanteln.

9 Zum Schluss mit einem weichen Spatel die Glasur rundum verteilen, dabei schöne, weiche Spitzen und Wellen formen.

Zubereitung:
35 Minuten
Backen:
50 Minuten

Orangentorte

Dieses Rezept stammt aus einer australischen Kochzeitschrift von Donny Hay, der Hohepriesterin der modernen, »stylischen« Küche. Die Originalversion wird mit saftigen Blutorangen zubereitet, was das Ergebnis noch spektakulärer macht.

Für 8 Personen

4 Eier
220 g Zucker
150 g Mehl
1 TL Backpulver
150 g Butter, geschmolzen
120 g gemahlene Mandeln
1 TL abgeriebene Zitronenschale

Sirup zum Glasieren:
225 g Zucker
125 ml Wasser
2 unbehandelte Orangen, gründlich gewaschen, hauchdünn geschnitten

Form:
1 Springform von etwa 20 cm Durchmesser, Boden und Wand bebuttert und mit Backpapier ausgekleidet (wichtig!)

1 Den Ofen auf 160 Grad vorheizen.
2 Für den Sirup den Zucker mit dem Wasser in einem Topf unter Rühren erhitzen, bis sich der Zucker aufgelöst hat. Dann die Orangenscheiben dazugeben und 10–15 Minuten leise köcheln lassen, bis die Orangen weich sind, ihre Form aber noch behalten. Den Topf vom Herd nehmen, die Orangenscheiben abtropfen lassen und beiseite stellen. Den Sirup ebenfalls aufbewahren.
3 Die Eier und den Zucker in der Rührschüssel der Küchenmaschine 8–10 Minuten zu einer dick-cremigen Masse von etwa dem dreifachen Volumen aufschlagen.
4 Mehl und Backpulver dazusieben und vorsichtig darunterheben, so dass möglichst viel Luft in den Teig eingearbeitet wird.
5 Dann die flüssige Butter, die gemahlenen Mandeln und die Zitronenschale darunterheben.
6 Den Boden und die Seitenwände der vorbereiteten Form mit Orangenscheiben auslegen; am Rand etwas andrücken, damit sie nicht kippen. Dann den Teig in die Form füllen.
7 Die Torte im vorgeheizten Ofen etwa 50 Minuten backen. Mit einem Metallstäbchen prüfen, ob der Teig durchgebacken ist.
8 Aus dem Ofen nehmen und einige Minuten in der Form auf dem Kuchengitter abkühlen lassen. Dann aus der Form lösen und mit dem beiseite gestellten Sirup übergießen; so entsteht eine schöne Glasur.
9 Vor dem Servieren vollständig erkalten lassen. Allenfalls noch übrig gebliebenen Sirup separat dazu reichen.

Zubereitung:
1–1½ Stunden

Pièce montée

Dieses Dessert – ein Klassiker der französischen Küche, der vom berühmten Marie-Antoine Carême erfunden wurde – macht unglaublich viel Arbeit, und länger als 6 bis 7 Stunden vor dem Servieren kann man es nicht zubereiten. Daher lohnt es sich, die kleinen Brandteigkugeln wenn möglich bei Ihrem Konditor zu bestellen. Mit hausgemachter Vanillecreme, Karamell, Krokant, viel Geduld und Liebe werden die Teigkugeln dann gefüllt, zu einem imposanten Gebilde aufgetürmt und nach Belieben mit Karamellfäden dekoriert.

Für 20 Personen

60–80 fertig gebackene kleine Brandteigkugeln (Mini-Profiteroles)

Krokant:
250 g Zucker
250 g Mandeln und Haselnüsse, gehackt

Vanillecreme:
500 g Zucker
12 Eigelb
200 g Mehl
2 l frische Vollmilch
3 Vanilleschoten, längs aufgeschnitten

Karamell:
400 g Zucker

Form:
1 Tortenring oder der Rand einer Springform von 22 cm Durchmesser, dünn geölt

1 Für den Krokant den Zucker in einem beschichteten Topf karamellisieren.
2 Den eingeölten Tortenring auf eine Silikonmatte stellen und die gehackten Mandeln und Nüsse darin ausbreiten. Das flüssige Karamell darüber verteilen, so dass alle Nüsse und Mandeln damit bedeckt sind. Fest werden lassen.
3 Die Krokantplatte aus dem Tortenring nehmen und an einem kühlen, trockenen Ort aufbewahren.
4 Für die Vanillecreme in einer großen Schüssel Zucker und Eigelbe zu einer dick-cremigen Masse von etwa dem doppelten Volumen aufschlagen. Das Mehl dazusieben und behutsam darunterziehen.
5 Die Milch mit den Vanilleschoten zum Kochen bringen, zur Eiercreme gießen und mit dem Schneebesen kräftig darunterrühren.
6 Die Creme zurück in den Topf geben und bei mittlerer Temperatur unter ständigem Rühren 3–4 Minuten aufkochen, bis die Masse eindickt. Die Vanilleschoten herausnehmen und das Mark auskratzen.
7 Den Topf vom Herd nehmen, die Creme in eine kalte Schüssel gießen und eine Lage Frischhaltefolie direkt auf die Oberfläche der Creme legen, damit sich keine Haut bildet. Vollständig erkalten lassen.
8 In jede Brandteigkugel ein Loch stechen und die Kugeln mit Hilfe eines Spritzbeutels mit Vanillecreme füllen.
9 Für das Karamell den Zucker in einem beschichteten Topf erhitzen und karamellisieren lassen. Am besten in 100-Gramm-Portionen vorgehen; dies erleichtert das Zusammensetzen der Brandteigkugeln.
10 Dazu auf den Krokantboden einen Kreis von etwa 10 Brandteigkugeln legen und diese mit dem Karamell auf dem Boden und aneinander festkleben. Die weiteren Kreise fallen immer kleiner aus, so dass eine Kegelform entsteht.
11 Den fertigen Turm nach Belieben mit Karamellfäden verzieren.

Pâtissier
Rue du Jourdain
Paris
01.46.36.66.08
caradou.com

Zubereitung:
10 Minuten
Backen:
50 Minuten

Meringues

Ich weiß, dass es bei der Herstellung vom Meringues (Baisers) sehr fortschrittliche Verfahren gibt. Manche erfordern eine dreistündige Abkühlzeit im ausgeschalteten Ofen, und auch das Aufschlagen des Eiweißes wird danach in präzise Schritte unterteilt. Hier ein Rezept, nach dem Sie ohne Stress absolut respektable Meringues herstellen können.

Für etwa 15 Stück

5 Eier
250 g Zucker

1 Den Ofen auf 120 Grad vorheizen.
2 Eigelb und Eiweiß trennen. Die Eiweiße in einer absolut sauberen, fettfreien (wichtig!) Schüssel mit dem Handmixer aufschlagen. Beginnt die Masse fest zu werden, unter Rühren den Zucker esslöffelweise hinzufügen.
3 Sobald sich ein fester, glänzender Eischnee gebildet hat, kleine Häufchen auf ein mit einer Silikonmatte oder Backpapier ausgelegtes Blech setzen.
4 Im vorgeheizten Ofen etwa 50 Minuten backen.
5 Aus dem Ofen nehmen und auf dem Blech erkalten lassen.

Zubereitung:
10 Minuten
Backen:
50 Minuten

Vacherin »freestyle«

Aufgepasst – dieses Kunstwerk ist ebenso fragil und vergänglich wie beeindruckend. Zu dieser Eistorte, die allerdings etwas schwierig zu servieren ist, kann man nur sagen: »Wow!« Stellen Sie sicher, dass all Ihre Gäste am Tisch versammelt sind, bevor Sie mit dieser Kreation erscheinen. Die Meringueplatten habe ich von meinem Lieblingskonditor backen lassen. Statt profaner glatter Scheiben stellte er schneckenförmig gewundene Kunstwerke her.

Für 8–10 Personen

3–4 Meringuescheiben von 20 bis 22 cm Durchmesser (siehe vorherige Seite)
3–4 Sorbets unterschiedlicher Farbe

1 Bereiten Sie alles im Voraus zu, legen Sie Ihr Handwerkszeug bereit und nehmen Sie die Sorbets kurz vor dem Servieren aus dem Tiefkühler. Achtung: Manche Geschmacksrichtungen oder Marken schmelzen schneller als andere. Am besten vorher ausprobieren.
2 Die erste Meringuescheibe auf die Servierplatte legen und dick mit Sorbet bestreichen. Die zweite Scheibe daraufsetzen und mit einem zweiten Sorbet bestreichen. Mit den weiteren Scheiben ebenso verfahren.
3 Und nun viel Glück fürs Servieren! Dafür benötigen Sie ein großes Messer, mit dem Sie die Meringue schneiden können, sowie drei bis vier Dessertlöffel zum Probieren aller Geschmacksrichtungen.

Zubereitung:
20 Minuten
Backen:
1 Stunde
Ruhenlassen:
2 Stunden

Schokoladen-Pavlova mit Limetten und Passionsfrucht

Für 8 Personen

Meringue:
8 Eiweiß
300 g Rohzucker
3 EL Kakaopulver
1 TL Rotweinessig

Creme:
300 ml Rahm
2 EL Mascarpone, nach Belieben
2 EL Zucker
1 Limette, abgeriebene Schale und Saft
5 Passionsfrüchte, ausgelöstes Mark

1 Den Ofen auf 150 Grad vorheizen.
2 Für die Meringue die Eiweiße mit der Hälfte des Zuckers zu Schnee schlagen; dann unter weiterem Rühren den restlichen Zucker einrieseln lassen.
3 Anschließend das Kakaopulver und den Essig hinzufügen und alles gut durchrühren, bis eine homogene Masse entstanden ist.
4 Den Eischnee kreisförmig auf einer Silikonmatte oder einem Backpapier aufstreichen.
5 Im vorgeheizten Ofen 1 Stunde backen, dann den Ofen ausschalten und die Meringue im Ofen erkalten lassen (etwa 2 Stunden).
6 Für die Creme den Rahm zusammen mit dem Mascarpone aufschlagen; dann den Zucker, Limettensaft und -schale sowie das Passionsfruchtmarkt einrühren.
7 Die Creme in die Mitte der Meringue setzen. Bis kurz vor dem Servieren im Kühlschrank lagern.

Zubereitung:
20 Minuten
Ruhenlassen:
30 Minuten

Schokoladen-Buttercreme-Torte

Für 8–10 Personen

2 leichte Biskuitböden (Rezept Seite 66)
750 g Puderzucker
3 EL Kakaopulver
300 g weiche Butter

1 Die beiden Biskuitböden horizontal halbieren.
2 Mit der Küchenmaschine oder dem Handrührgerät Puderzucker, Kakao und Butter schaumig schlagen.
3 Mit einem Spatel einen Teil der Buttercreme auf den ersten Teigboden streichen. Den zweiten Boden daraufsetzen.
4 Mit der restlichen Creme und den weiteren Böden ebenso verfahren. Mit einer Schicht Schokoladen-Buttercreme abschließen. Die Torte vor dem Servieren kalt stellen, damit die Creme etwas fester wird.

Zubereitung:
15 Minuten
Backen:
1 Stunde 15 Minuten
Ruhenlassen:
1 Nacht

Alisas Cheese Cake

190 g Cracker oder Butterkekse, zerbröselt
2 EL Zucker für den Bröselteig
55 g Butter, geschmolzen

Belag:
800 g Frischkäse
200 g Zucker
100 g Crème fraîche
4 Eier
1 TL natürlicher Vanilleextrakt
2 Tropfen Zitronensaft

Form:
1 Springform von 18 oder 20 cm Durchmesser

1 Den Ofen auf 170 Grad vorheizen.
2 Die Keksbrösel mit den 2 Esslöffeln Zucker und der flüssigen Butter vermischen.
3 Den Bröselteig mit den Fingern möglichst gleichmäßig in die Form drücken.
4 Im vorgeheizten Ofen 10 Minuten backen.
5 Für den Belag in der Rührschüssel der Küchenmaschine den Frischkäse mit Zucker und Crème fraîche verrühren; nach und nach unter Rühren die Eier hinzufügen. Den Vanilleextrakt und den Zitronensaft dazugeben und zu einer glatten Masse rühren.
6 Den Krümelboden aus dem Ofen nehmen und die Frischkäsemasse darauf verstreichen.
7 Im Ofen weitere 45–55 Minuten backen.
8 Den Kuchen aus dem Ofen nehmen und 1 Stunde ruhen lassen. Dann mindestens 6 Stunden oder über Nacht in den Kühlschrank stellen. Anschließend aus der Form lösen und servieren.

Tipp: Als Dekoration macht eine Pfingstrosenblüte (wie auf unserem Foto) viel her – diese aber nicht mitessen!

Zubereitung:
30 Minuten
Backen:
40–45 Minuten

Schichttorte in Rosa und Braun

Für 8 Personen

4 Eier
100 g Zucker
75 g Mehl
1 gestrichener TL Backpulver
25 g Kakaopulver

Cremefüllung:
750 g Puderzucker, gesiebt
150 g sehr weiche Butter oder 1–2 EL Mascarpone
rote Lebensmittelfarbe

Form:
1 runde Form von 22 cm Durchmesser, gefettet und gemehlt

1 Den Ofen auf 180 Grad vorheizen.
2 Die Eier und den Zucker in der Küchenmaschine oder mit dem Handrührgerät 2–3 Minuten schlagen, bis eine helle, dick-cremige Masse entstanden ist, in der die Rührbesen beim Herausziehen Spuren hinterlassen.
3 Dann behutsam Mehl, Backpulver und Kakaopulver darunterheben.
4 Den Teig in die vorbereitete Form füllen und im vorgeheizten Ofen 40–45 Minuten backen. Der Kuchen sollte in der Mitte fest sein, und an einem Metallstäbchen dürfen beim Herausziehen keine Teigreste anhaften.
5 Aus dem Ofen nehmen, aus der Form lösen und auf einem Kuchengitter abkühlen lassen.
6 Den Kuchen horizontal halbieren und die entstandenen Scheiben dann nochmals halbieren, so dass vier dünne Scheiben entstehen.
7 Für die Cremefüllung den gesiebten Puderzucker mit der Butter oder dem Mascarpone glatt rühren und Tropfen für Tropfen die Lebensmittelfarbe dazugeben, bis die Creme so rosa ist wie die auf dem Foto.
8 Die Kuchenscheiben mit der Creme bestreichen und aufeinander setzen.
9 Die oberste Schicht nach Belieben dekorieren oder wie auf dem Foto unverziert lassen. Vor dem Aufschneiden kalt stellen, damit die Creme fest wird.

Zubereitung:
30 Minuten
Backen:
40–45 Minuten

Rosa-grüne Torte

Die abgebildete Torte besteht aus einem rosa Biskuit, das mit einer Buttercreme mit grüner Lebensmittelfarbe umhüllt wird. Verwenden Sie dafür eine quadratische Form.

Für 8 Personen

4 Eier
100 g Zucker
rote Lebensmittelfarbe
75 g Mehl
1 gestrichener TL Backpulver

Cremefüllung:
750 g Puderzucker
150 g sehr weiche Butter
oder 1–2 EL Mascarpone
grüne Lebensmittelfarbe

Form:
1 quadratische Form von 22 cm Kantenlänge, gefettet und gemehlt

1 Den Ofen auf 180 Grad vorheizen.

2 Die Eier und den Zucker in der Küchenmaschine oder mit dem Handrührgerät 2–3 Minuten schlagen, bis eine helle, dick-cremige Masse entstanden ist, in der die Rührbesen beim Herausziehen Spuren hinterlassen.

3 Einige Tropfen rote Lebensmittelfarbe dazugeben und 1 Minute rühren, damit sich die Farbe gleichmäßig verteilt.

4 Mehl und Backpulver dazusieben und behutsam darunterheben.

5 Den Teig in die vorbereitete Form füllen und im vorgeheizten Ofen 40–45 Minuten backen, bis der Kuchen in der Mitte fest ist und an einem Metallstäbchen beim Herausziehen keine Teigreste mehr anhaften.

6 Aus dem Ofen nehmen, aus der Form lösen und auf einem Kuchengitter abkühlen lassen.

7 Den Kuchen vierteln, so dass vier gleich große Rechtecke entstehen.

8 Für die Cremefüllung den Puderzucker in eine Schüssel sieben, mit Butter oder Mascarpone glatt rühren und Tropfen für Tropfen die Lebensmittelfarbe dazugeben, bis die Creme so grün ist wie die auf dem Foto.

9 Die Kuchenscheiben mit der Creme bestreichen und aufeinander setzen.

10 Die oberste Schicht nach Belieben dekorieren oder wie auf dem Foto unverziert lassen. Vor dem Aufschneiden kalt stellen, damit die Creme fest wird.

Zubereitung:
30 Minuten
Backen:
20–25 Minuten

Kaffee-Walnuss-Torte mit Buttercreme

Dies ist kein Kuchen, sondern eine Institution. Als Kind wurde ich von meiner Mutter ständig zu irgendwelchen »Coffee mornings« mitgeschleppt, die von Frauenclubs, der Kirche, politischen Vereinigungen, sozialen Einrichtungen usw. veranstaltet wurden. Ich half dabei, Tische und Stühle aufzustellen, arrangierte die Tombola-Preise – und langweilte mich zu Tode. Doch glücklicherweise gab es zum Kaffee neben »Scones« und »Shortbread« immer diese besonders elegante Torte. Kaffee mochte ich damals noch nicht, aber dieser saftige Biskuitteig, umgeben von süßer, buttriger Creme, war einfach himmlisch!

Für 8–10 Personen

175 g Butter
175 g Zucker
4 Eier, leicht verklopft
175 g Mehl
1½ TL Backpulver
2 EL Instant-Kaffeepulver, in 1 EL kochendem Wasser aufgelöst
70 g Walnüsse, grob zerkleinert

Buttercreme:
400 g Puderzucker, gesiebt
200 g weiche Butter
2 EL Instant-Kaffeepulver, in 1 EL Wasser aufgelöst

50 g ganze Walnusshälften

Form:
2 runde Springformen von 20 cm Durchmesser, gefettet und gemehlt

1 Den Ofen auf 180 Grad vorheizen.
2 In der Rührschüssel der Küchenmaschine oder mit dem Handrührgerät die Butter und den Zucker dick-cremig aufschlagen, bis sich das Volumen der Masse verdoppelt hat (etwa 5 Minuten schlagen).
3 Unter Rühren nach und nach die Eier dazugeben.
4 Dann von Hand mit einem Metalllöffel Mehl und Backpulver behutsam darunterheben. Anschließend den Kaffee hinzufügen und nach und nach die Nüsse darunterziehen.
5 Den Teig in die vorbereiteten Formen füllen.
6 Im vorgeheizten Ofen etwa 20–25 Minuten backen.
7 Aus dem Ofen nehmen, einige Minuten auf einem Kuchengitter abkühlen lassen, dann aus der Form lösen und vollständig erkalten lassen.
8 Während die Kuchen im Ofen sind, die Buttercreme zubereiten. Dafür den Puderzucker und die Butter schaumig schlagen und unter Rühren den Kaffee darunterarbeiten.
9 Die Creme auf den vollständig erkalteten Kuchen verstreichen und beide Böden aufeinandersetzen. Mit den Walnusshälften dekorieren.

Zubereitung:
15 Minuten
Backen:
50 Minuten

Barbie-Torte – Für Dexter

Für 10–12 Personen

150 g Joghurt
150 ml Milch
375 g Zucker
250 g sehr weiche Butter oder Margarine
7 Eier
500 g Mehl
1 Päckchen Backpulver
etwas Aprikosenkonfitüre

Form:
1 hohe Form, gefettet und gemehlt

1 Den Ofen auf 190 Grad vorheizen.
2 Den Joghurt und die Milch verrühren.
3 Den Zucker und die Butter schaumig schlagen, bis sich das Volumen der Masse verdoppelt hat. Unter Rühren nach und nach die Eier hinzufügen. Abwechselnd Mehl und Joghurt-Milch-Mischung dazugeben und nach jeder Portion gut rühren. Zuletzt das Backpulver einrühren.
4 Den Teig in die vorbereitete Form füllen und im vorgeheizten Ofen etwa 50 Minuten backen. Nach 30–40 Minuten Backzeit die Ofentemperatur auf 160 Grad reduzieren.
5 Den Kuchen aus dem Ofen nehmen und vollständig abkühlen lassen.
6 Dann den »Barbie-Torso« (Set erhältlich über http://www.sugarcraft.com/catalog/novelties/barbie/barbie.htm) hineinstecken.
7 Zuletzt die Aprikosenkonfitüre mit etwas Wasser verdünnen, mit einem Backpinsel die Haut des Barbie-Torsos bestreichen und nach Belieben mit buntem Zuckerguss, Buttercreme oder Schokoglasur überziehen. Die Torte mit süßen Verzierungen dekorieren.

Kleiner Tipp: Mit dem Schleifenband umwickeln sie alle heiklen Körperpartien. Meine Schwägerin Margo stellt für Barbie sogar einen vollständigen Rock, selbstverständlich mit Schößchen, Volants und Rüschen her, was natürlich Unmengen Zuckerguss erfordert. Lassen Sie sich von den Vorlieben Ihrer Töchter inspirieren!

CHANEL
CHANEL
CHANEL

Zubereitung:
20 Minuten
Backen:
12 Minuten

Cupcakes

Für etwa 30 Stück

2 Portionen Sandkuchenteig (siehe Seite 24)

Glasur:
400 g Puderzucker
2 Zitronen, Saft
diverse Verzierungen

Form:
1 Muffinblech oder Mini-Formen, etwa 30 Papierbackförmchen

1 Den Ofen auf 180 Grad vorheizen.
2 Den Sandkuchenteig zubereiten (Rezept Seite 24).
3 Die Formen zu zwei Dritteln mit dem Teig füllen.
4 Im vorgeheizten Ofen etwa 12 Minuten backen. Die Cupcakes müssen schön aufgehen und sich goldbraun färben.
5 Herausnehmen und abkühlen lassen.
6 Für die Glasur den Puderzucker mit dem Zitronensaft verrühren und die Cupcakes damit bestreichen. Nach Belieben dekorieren und auf einer Etagere servieren.

Zubereitung:
20 Minuten
Ruhenlassen:
1–2 Stunden

Schokoladen-Kastanien-Torte mit Cognac

Eine Abwandlung der Schokoladen-Buttercreme-Torte von Seite 286, aber ungleich dekadenter! Verzieren Sie sie mit Silberperlen und Schokopastillen – das gibt ihr eine nahezu außerirdische Anmutung.

Für 6–8 Personen

2 leichte Schokoladenteigböden von etwa 20 cm Durchmesser (nach Rezept Seite 68)

100 g weiche Butter
200 g Maronencreme
200 g Zartbitterschokolade, zerkleinert
2–3 EL Cognac
Schokopastillen und Silberperlen oder gehobelte Zartbitterschokolade als Garnitur

1 Die Butter und die Maronencreme in der Rührschüssel schaumig schlagen.
2 Die Schokolade in der Mikrowelle oder über dem heißen Wasserbad schmelzen. Mit dem Cognac und der Maronencreme gut verrühren und fest werden lassen.
3 Den Kuchen horizontal halbieren. Mit einem Spatel die Creme auf der ersten Scheibe verstreichen. Die zweite Scheibe daraufsetzen und auch diese mit Creme bestreichen. Anschließend auch die Seiten der Torte am besten mit einem breiten Messer oder einem Spatel mit Creme bestreichen.
4 Die Torte mit Schokopastillen und kleinen Silberperlen oder mit gehobelter Zartbitterschokolade dekorieren.
5 Vor dem Servieren 1–2 Stunden kalt stellen, damit die Creme fest wird.

Zubereitung:
20 Minuten
Backen:
30–35 Minuten
Ruhenlassen:
5 Minuten

Kokostorte

Unter dem so puren, simplen Dekor schlägt ein dekadentes Herz. Die Creme, mit der diese Torte umhüllt ist, kann man durch »Lemon Curd« ersetzen, um den Genuss ein wenig vielfältiger zu gestalten.

Für 8–10 Personen

175 g Mehl
2 TL Backpulver
4 Eier
175 g sehr weiche Butter
175 g Zucker
1 unbehandelte Zitrone, abgeriebene Schale, nach Belieben
1 TL natürlicher Vanilleextrakt
75 g Kokosraspel

Creme:
225 g Mascarpone
300 g Puderzucker
4–5 EL Lemon Curd, nach Belieben (siehe Tipp)

50 g Kokoshobel

Form:
2 runde Formen von 20 cm Durchmesser, gefettet und gemehlt

1 Den Ofen auf 180 Grad vorheizen.

2 Das Mehl und das Backpulver in die Rührschüssel sieben. Die weiteren Zutaten hinzufügen (mit Ausnahme der Kokosraspel) und alles 1 Minute zu einem glatten Teig mischen. Dann die Kokosraspel einrühren.

3 Den Teig in die vorbereiteten Formen füllen.

4 Im vorgeheizten Ofen 30–35 Minuten backen. Mit einem Metallstäbchen prüfen, ob der Teig durchgebacken ist.

5 Die Kuchen aus dem Ofen nehmen und 5 Minuten auf einem Kuchengitter abkühlen lassen, dann aus der Form lösen.

6 Für die Creme Mascarpone und Puderzucker in der Küchenmaschine oder mit dem Handrührgerät verrühren. Im Kühlschrank etwas fest werden lassen.

7 Sobald die Kuchen vollständig erkaltet sind, horizontal halbieren und die beiden Scheiben nochmals horizontal durchschneiden, so dass vier dünne Scheiben entstehen (es können aber auch nur zwei Schichten sein).

8 Die Mascarponecreme oder den Lemon Curd auf der ersten Scheibe verstreichen, dann die zweite Scheibe darauf setzen. Mit den weiteren Scheiben ebenso verfahren. Dann die Oberseite und die Seiten der Torte ebenfalls mit Creme bestreichen.

9 Zum Schluss die Kokoshobel behutsam rundherum in die Creme drücken und die Torte vor dem Servieren kalt stellen.

Tipp: Die englische Spezialität »Lemon Curd« ist eine intensiv zitronige Creme aus Zitrone, Ei, Zucker und Butter. In England ist sie verbreitet als beliebter Brotaufstrich und als erfrischende Füllung für Tartes und Torten. Sie ist inzwischen auch bei uns in gut sortierten Kaufhäusern und Supermärkten erhältlich.

Zubereitung:
30 Minuten
Backen:
40 Minuten
Ruhenlassen:
2 Stunden

Angel Food Cake

Zugegeben, ich bin nicht nett zu Ihnen, aber damit dieser große amerikanische Klassiker wirklich gelingt, benötigt man die richtige Form – sie besitzt Füßchen, damit der Kuchen optimal abkühlen kann – und die richtige Zutat, nämlich Weinstein. Doch besitzt man all dies, ist das Rezept wirklich ultra-einfach und die Torte ein Hochgenuss – von einer Leichtigkeit, die des Mundes eines Engels würdig ist. Wir haben das Rezept noch etwas verspielter gestaltet und sowohl dem Teig als auch der Glasur ein bisschen Farbe hinzugefügt.

Für 8–10 Personen

110 g Mehl
340 g extrafeiner Zucker
15 Eiweiß
1 EL heißes Wasser
½ TL Salz
1 TL Weinstein
1 TL natürlicher Vanilleextrakt

Cremeglasur:
750 g Puderzucker
150 g weiche Butter oder 2 EL Mascarpone
rote Lebensmittelfarbe

Form:
1 Angel-Cake-Form (mit Füßchen)

1 Den Ofen auf 180 Grad vorheizen.

2 Das Mehl und die Hälfte des Zuckers vier Mal durchsieben (ja, Sie haben richtig gelesen!).

3 In der Rührschüssel der Küchenmaschine die Eiweiße mit dem Wasser bei niedriger Geschwindigkeit zu einer cremigen Masse schlagen. Salz, Weingeist und Vanilleextrakt hinzufügen und die Masse 3 weitere Minuten zu einem weichen Eischnee schlagen. Nach und nach den restlichen Zucker hineinrieseln lassen und weitere 2 Minuten schlagen, bis der Eischnee fest und glänzend, aber nicht trocken und flockig ist.

4 Die Eischneemischung in eine große Schüssel füllen. Mehl und Zucker darübersieben und behutsam darunterheben, so dass möglichst viel Luft in die Masse eingearbeitet wird.

5 Den Teig in die Form füllen (sie muss nicht gefettet werden).

6 Im vorgeheizten Ofen 35–40 Minuten backen.

7 Die Form aus dem Ofen nehmen und auf den Füßchen 1 Stunde abkühlen lassen. Mit einem breiten Messer dem Rand entlang lösen und den Kuchen aus der Form heben.

8 Für die Cremeglasur Puderzucker und Butter oder Mascarpone schaumig schlagen und dann einige Tropfen Lebensmittelfarbe hinzufügen, um ein schönes Rosa wie auf dem Foto zu erreichen.

9 Die Creme rundum mit einem Spatel auftragen. Vor dem Servieren 1 Stunde kalt stellen.

Zubereitung:
30 Minuten
Ruhenlassen:
1 Stunde + 1 Nacht

Eistorte mit Pekan-Karamell

Damit dieses Rezept perfekt gelingt, braucht es ein gutes Timing und einen gut funktionierenden Tiefkühler.

Für 6–8 Personen

2 Nusskuchen (nach Rezept Seite 52)
2 l gutes Vanilleeis
200 ml frischer Rahm
2 EL Puderzucker

Sirup:
100 g Zucker
4 EL Amaretto

Karamell:
300 g Zucker
100 g Pekannüsse

1 Die Nusskuchen nach dem Rezept Seite 52 backen und vollständig abkühlen lassen.
2 Sobald sie vollständig erkaltet sind, beide Kuchen horizontal halbieren, so dass vier Scheiben entstehen. Eine davon klein zerkrümeln.
3 Für den Sirup den Zucker in einem kleinen Topf mit Wasser bedecken und aufkochen. Sobald der Zucker geschmolzen ist, den Topf vom Herd nehmen und den Amaretto einrühren. Vollständig abkühlen lassen.
4 Für das Karamell den Zucker mit 6 Esslöffeln karamellisieren lassen.
5 Die Pekannüsse auf einer Silikonmatte verteilen und das Karamell in einer dünnen Schicht darübergießen. Fest werden lassen. Den so entstandenen Krokant im Blitzhacker in Stücke zerkleinern. 1–2 Esslöffel Krokant für die Verzierung der Oberseite zurückbehalten.
6 Zur Fertigstellung des Kuchens den gehackten Krokant und die Kuchenkrümel bereitstellen, das Vanilleeis anschmelzen lassen.
7 Die erste Kuchenscheibe auf einen flachen Teller oder eine Tortenplatte legen, mit etwas Amarettosirup beträufeln und mit zerkleinertem Krokant bestreuen.
8 Die weiteren Schritte müssen sehr rasch erfolgen: Mit dem Spatel das angeschmolzene Vanilleeis auf dem Kuchen verstreichen. Die zweite Kuchenscheibe daraufsetzen und wiederum mit Amarettosirup beträufeln und mit zerkleinertem Krokant bestreuen. Mit der dritten Scheibe ebenso verfahren. Sollte das Eis zu schnell schmelzen, stellen Sie den Kuchen zwischendurch in den Tiefkühler.
9 Die Seiten und die Oberfläche des Kuchens ebenfalls mit Vanilleeis überziehen. Dann den Kuchen 1 Stunde in den Tiefkühler stellen.
10 Den Rahm mit dem Puderzucker aufschlagen und den ganzen Kuchen damit in einer dünnen Schicht überziehen.
11 Die Seiten und die Oberfläche des Kuchens mit Kuchenkrümeln bestreuen und den restlichen Krokant auf dem Kuchen verteilen. Dann den Kuchen über Nacht in den Tiefkühler stellen.
12 Den Kuchen etwa 20 Minuten vor dem Servieren aus dem Tiefkühler nehmen.

Zubereitung:
30 Minuten
Ruehenlassen:
30 Minuten

Reichhaltige Schichttorte mit Mascarpone und Früchten

Dieser Kuchen könnte einem Hotel-Dessertwagen der 1980er Jahre entsprungen sein – finden Sie nicht? Mir jedenfalls gefällt sein etwas lässig-zerzauster Look sehr gut.

Für 8–10 Personen

2 Nusskuchen (nach Rezept Seite 52)
150 ml frischer Rahm
100 g Mascarpone
50 g gehobelte Mandeln
1 Banane
1 Zitrone, Saft
1 Handvoll Himbeeren
2 feste Nektarinen, in sehr feine Scheiben geschnitten
1 Handvoll feste Erdbeeren, in feine Scheiben geschnitten

1 Die Nusskuchen nach Rezept Seite 52 backen und abkühlen lassen, dann horizontal halbieren, so dass insgesamt vier Scheiben entstehen.
2 Rahm und Mascarpone zu einer festen Creme schlagen.
3 Die gehobelten Mandeln in einer kleinen Pfanne trocken rösten, abkühlen lassen.
4 Die Banane in Scheiben schneiden und mit dem Zitronensaft vermischen, damit sie sich nicht verfärbt.
5 Die Hälfte der Mascarponecreme mit den Bananenscheiben und den Himbeeren vermischen. Die Creme auf der ersten Kuchenscheibe verstreichen. Dann die zweite Scheibe daraufsetzen, wiederum mit Creme bestreichen und so weiterfahren.
6 Den gesamte Torte mit der restlichen Mascarponecreme überziehen, die Mandelhobel rundum in die Creme drücken und die Oberseite mit den Nektarinen- und Erdbeerenscheiben dekorieren.
7 Sofort servieren oder im kältesten Teil des Kühlschranks 30 Minuten kalt stellen, aber nicht länger, sonst nimmt das Obst Schaden.

Zubereitung:
25 Minuten
Backen:
35 Minuten
Ruhenlassen:
1 Stunde

Chocolate Fudge Cake

Das Zusammentreffen dieser drei kleinen Wörter ist für mich reine Magie. »Chocolate. Fudge. Cake.« Ein Trio voller Verheißung, das sowohl den Geschmack wie auch das Gefühl von Schokoladentorte auf die Zunge zaubert. Und wenn eine Torte diesen Namen trägt, kann sie nichts anderes als cremig, dicht und intensiv sein.

Für 8–10 Personen

175 g Mehl
1 gehäufter EL Kakaopulver
1½ TL Backpulver
175 g sehr weiche Butter
175 g Rohzucker
4 Eier

Glasur:
125 g Rohzucker
1 Dose gezuckerte Kondensmilch (175 g)
125 g hochwertige Zartbitterschokolade, zerkleinert
50 g sehr weiche Butter
½ TL natürlicher Vanilleextrakt

Form:
2 Kuchenbleche von 18 cm Durchmesser, gefettet und gemehlt

1 Den Ofen auf 170 Grad vorheizen.

2 Das Mehl und das Kakaopulver in die Rührschüssel der Küchenmaschine sieben. Alle weiteren Teigzutaten dazugeben und 1 Minute lang zu einem glatten Teig verarbeiten.

3 Den Teig in die vorbereiteten Formen füllen.

4 Im vorgeheizten Ofen 30–35 Minuten backen. Mit einem Metallstäbchen prüfen, ob der Teig durchgebacken ist.

5 Die Kuchen aus dem Ofen nehmen und 1 Minute auf einem Kuchengitter abkühlen lassen, dann aus der Form lösen und vollständig abkühlen lassen.

6 Für die Glasur Zucker und Kondensmilch in einen Topf mit dickem Boden geben. Langsam erhitzen, bis sich der Zucker aufgelöst hat, anschließend 5–6 Minuten, ohne umzurühren, köcheln lassen. Vom Herd nehmen, mit einem Schneebesen die Schokolade einrühren, anschließend Butter und Vanilleextrakt darunterziehen. Zugedeckt 1 Stunde abkühlen und fest werden lassen.

7 Die Glasur mit dem Schneebesen aufschlagen und mit einem Spatel auf dem ersten Kuchen verstreichen.

8 Den zweiten Kuchen daraufsetzen und die ganze Torte rundum mit der restlichen Glasur bestreichen.

Zubereitung:
40 Minuten
Backen:
25 Minuten

Torte mit weißer Schokolade und Himbeeren

Die Himbeeren setzen ein frisches Gegengewicht zur Süße der weißen Schokolade. Wenn Sie möchten, können Sie auch zusätzlich Himbeeren zwischen die einzelnen Schichten dieser Torte geben.

Biskuitteig:
250 ml Rahm
120 g weiße Schokolade, zerkleinert
110 g weiche Butter
175 g Zucker
3 Eier
225 g Mehl
2 TL Backpulver

Buttercreme:
750 g Puderzucker
300 g Butter

Fertigstellung:
1 Glas Lemon Curd (siehe Seite 302)
1 EL Puderzucker
etwa 20 Himbeeren

Form:
2 Kuchenbleche von 22 cm Durchmesser, gefettet und mit Backpapier ausgekleidet

1 Den Ofen auf 180 Grad vorheizen.
2 Für den Schokoladen-Biskuitteig den Rahm erhitzen, über die weiße Schokolade gießen und diese unter Rühren schmelzen.
3 Butter und Zucker 3–4 Minuten schaumig schlagen. Nach und nach unter Rühren die Eier dazugeben. Anschließend abwechselnd das mit dem Backpulver gesiebte Mehl und die Schokoladenmischung einrühren. Nach jeder Portion gut rühren, aber auch nicht zu viel.
4 Den Teig in die vorbereiteten Formen füllen.
5 Im vorgeheizten Ofen 20–25 Minuten backen. Die Kuchen herausnehmen, 10 Minuten in der Form abkühlen lassen, dann aus den Formen lösen, das Backpapier abziehen und vollständig abkühlen lassen.
6 Sind die Kuchen vollständig erkaltet, horizontal halbieren, um 4 Scheiben zu erhalten.
7 Für die Fertigstellung die Buttercreme zubereiten. Dafür den Puderzucker mit der Butter schaumig schlagen.
8 Ein Viertel der Buttercreme auf die erste Kuchenscheibe streichen. Darauf eine dünne Schicht Lemon Curd streichen. Die zweite Kuchenscheibe daraufsetzen und wiederum bestreichen. Mit der dritten und vierten Kuchenscheibe ebenso verfahren. Die letzte Kuchenscheibe mit Lemon Curd bestreichen. Dann den ganzen Kuchen mit der verbleibenden Buttercreme bestreichen. Mit frischen Himbeeren dekorieren.

Stichwortverzeichnis

Rezeptverzeichnis

Dank

Ich danke
Jennifer, Emmanuel und Elisabeth. *Allerliebst.*
Allen von Bendameer während des Sommers 2008. *So sweet.*
Alisa und Deirdre. *Sugar and spice.*

Dank auch an das Hotel Merrion in Dublin für die Aufnahmen des »Afternoon tea«.
www.merrionhotel.com

Internetadressen

www.british-shop.de
www.bright-britain.de
www.english-shop.de
www.gourmondo.de
www.buywholefoodsonline.co.uk
www.wilton.com
www.epicerie-anglaise.com